挑戦を成功に導く
見極め力

大野正和
Ohno Masakazu

幻冬舎 MC

挑戦を成功に導く「見極め力」

はじめに

人生にはいくつもの挑戦の機会が存在します。

日々の仕事のなかだけでも、新しいプロジェクトに取り組んだり、将来のキャリアを見据えて資格を取ることを考えたり、たくさんの挑戦の機会が訪れます。また転職や起業など、新たな環境に挑もうとする人もいます。

しかし、いざ挑戦の機会を目の前にして、自分にはやっぱり無理かもしれない、うまくいかなかったら時間の無駄になる、といったネガティブな心理が働き、挑戦を諦めてしまう人は少なくありません。

ただ、そうやっていつまでも挑戦を避けていては成功もできませんし、人としての成長も望めません。

私は現在、岐阜県で産業用ガス供給会社を経営していますが、これまでいくつもの挑戦を繰り返してきた結果、地方の小さな卸会社を地元でも指折りの有名企業へと成長させることができました。その大きな助けとなったのが挑戦を成功へ導く「見極め力」です。

挑戦を躊躇《ちゅうちょ》する人に対して「まず踏み出せ」とはよくいわれることです。しかし、勢いだけで挑戦は成功しません。挑戦から成功へのプロセスには多くの判断を迫られる瞬間があり、状況を正確に見極めて、それに合わせた適切な判断を下すことができなければ悪い結果をもたらしてしまいます。

例えば、職場で上司のやり方に意見があるとき、それを伝えること自体は大切ですが、ただぶつかっていくだけではうまくいきません。特に、強い相手に意見を通そうと勇気を奮い起こしているときは、自分の「正しさ」を闇雲に押し通そうとしがちですが、それはあまり意味がありません。意見が聞き入れられないだけでなく、不興を買ったり、トラブルになったりすることもあります。相手が今何をしているか、どういう人か、何を成し遂げてきた人で、自分をどう評価しているか、意見を述べ始めたときの反応はどうか……さまざまなことを観察し、物事を達成するためのベストな道筋を見極めることが必要です。

私がいくつかの業界で営業として腕を磨いてから今の会社に入ったとき、いちばんの「強敵」だったのは創業者である義父でした。やり手のワンマン経営者で誰も逆らえなかった義父に対して、入り婿でよそ者の新参という、いわば肩身の狭い身の上の私が、会社のために必要な意見を聞き入れてもらうのは容易ではありませんでした。

それでも黙り込むことはせず、相手の心理を読み、自分自身の考えをまとめ、そして状況を見ながら、私は常にベストな手段とタイミングを見極めて前進することを考え続けてきたのです。思いどおりにならないこともありましたが、私の人生にとって貴重な修業の日々でした。こうしたいろいろな経験を重ね、のちに義父の後を継いで経営者となってからも、私はこの「見極め力」を自分の「武器」にして多くの挑戦を成し遂げてきました。

地方の零細企業としてはほとんど例のなかったＩＳＯの取得や、ＩＴシステムの導入による業務の効率化、ＳＤＧｓへの取り組みなど、いずれも社員をはじめとした周囲の戸惑いや一部の反発を伴うものではありました。しかし無理に押し通すのではなく、押すなり引くなりあとに回すなりといったなかからベストを見極めつつ、周囲の納得を得ながら、一歩一歩実績を積み上げてきたのです。

本書では挑戦をためらいがちな若者や、これから挑戦しようとする人にとって、挑戦の連続だった私の半生を振り返りながら「見極め力」についてまとめています。新たな一歩を踏み出すための後押しになれば、たいへんうれしく思います。

目次

第2章

目先の結果にとらわれず「次の一手」に意識を向ける
挑戦を成功に導く「見極め力」

第3章

人間関係、交渉、進言――
時に引きながらも反応を観察し、相手の思考を見極める

第4章

業務改善提案、組織改革、業界全体の課題解決——
周囲の反応にふりまわされず、全体の流れを見極める

第5章

業界の行く末、自分の将来、次代を担う若者たち――「やるべきこと」と、「今、必ずやるべきこと」を見極める

第6章

人生とは、常に一歩先を見極め踏み出し続けること

挑戦に年齢は関係ない

第1章

一歩踏み出すもすぐに諦めてしまう……

早々と見切りをつけ、現状にとどまろうとする若者たち

情報化社会が挑戦の意欲を失わせる

近年、目覚ましい進化を遂げた高速通信網やそれを十二分に活用できる高性能なデバイスの開発など、最先端技術によって世界のどこにいても瞬時に欲しい情報が得られるようになっています。

ネットワークの整備や携帯端末の普及と高性能化は、情報を得るためにわざわざ行動しなくてもいいという環境を生み出しました。いまやスマートフォン1台あれば、どこにいても瞬時にあらゆる情報を集めることができます。自ら行動を起こす前に新しい世界が疑似体験できてしまうのです。

若い人と話をしていると、話題に上ったことを手元のスマホで検索して「これですか?」とすぐに見せてくれます。想像したり経験したりする前に、まず検索があり、関連情報が山のように手に入るのが現代です。自分の体を動かさなくても何でも見ることができ、バーチャルの世界で体験することができてしまいます。

しかしこうした便利さの一方で、私のような昔の人間にはスマホが私たちから大切なものを奪っているのではないかと思うことがあります。何かを知るために自ら積極的に現地に足を運んだり、体験したりする機会を減らしている気がしてならないのです。

自分で体験して得られるものは、インターネットの情報やバーチャルな世界に比べてはるかに貴重なものです。その瞬間の感情も伴った自分だけの情報が蓄積され、その後の人生を歩むための大きな力となります。

とはいえ、今の世の中で実際に行動を起こすのはなかなか難しいことなのだと思います。ちょっとでも目立つことをすれば、いつSNSで匿名の非難や中傷が飛んでくるか分かりません。だからおとなしく、じっとして、周囲となんとなく波長を合わせておけば、とりあえずうまくやっていけます。しかし心の底では、本音を隠してみんなに合わせて生きることに違和感を抱いている人も少なくないと思います。

こうした状況では、大それたことでなく日常のほんのささやかな挑戦であっても、やってみようという気になれないのは無理もないことだと思います。

「遠くへ行く」ことがキーワードだった時代

私が青春時代を過ごした1960年代には、『遠くへ行きたい』という歌の大ヒットをきっかけに、「遠くまで行く」ということが多くの若者たちの合言葉のようになっていました。

ここではないどこか遠くへ行くことで、きっと何かすばらしいものが手に入る、そう考えた若者たちは実際に旅に出たり、さまざまなことを体験したりしていました。こうした挑戦は楽しくてワクワクするものだとみんなが思っていたのです。

全長わずか5・8mのヨットで、3カ月をかけて単独無寄港太平洋横断という世界初の快挙を成し遂げた冒険家の堀江謙一さんは23歳の若さでした。また世界的な建築家の安藤忠雄さんは24歳の時に世界の建築を自らの目で見たいと、単身、船でソ連に向かい、ヨーロッパの建築を見て歩く貧乏旅行を敢行しました。そしてこの一人旅が「世界のANDO」の原点となりました。

彼らの原動力は、知りたい、やってみたい、という極めて素朴な感情でした。分からないから行動に移してそれを知る、という単純なことだったのだと思います。

１９６０年代、若者たちは実際に海外に旅立つかどうかは別にしても、広い世界を見てみたい、そして自分の手で未来を切り拓いていきたいという夢や希望にあふれていたのです。

もちろん太平洋横断やヨーロッパ一人旅のような大それた挑戦はそう簡単にできるものではなく、ささやかな日常生活のなかでの挑戦もなかなか実行しにくいのが今の世の中です。わざわざ挑戦したり行動したりせずとも必要な情報は簡単に手に入ります。しかしそれらの情報は「誰か」の体験であり、一般的な知識です。自分自身の体験ではなく、決して自分がやった場合に成功するか失敗するかを示したものではないのです。

目立たないことが最善

もともと日本という国は、和を大切にし、周囲に合わせることが美徳とされていました。そのためみんなが「世間の目」を意識し、そこから外れないように気をつけていたのです。「出る杭《くい》は打たれる」という格言のとおりに、人と変わったことをすれば周りから浮いてしまい、時には非難されることもあったため、できる限り目立たないようにすることが最善の道でした。

しかし１９６０年代から70年代にかけての高度成長期には、経済成長とともに日本全体が活気に満ちあふれ、一部の若者たちのなかから世間の目を気にせずに大胆な挑戦をする堀江さんや安藤さんのような人間が登場しました。その功績は社会的にも大きな影響を与え、彼らのような挑戦がすばらしいものとして、憧れをもって語られた時期があったのです。

ところが時代が進むにつれ、そうした機運は下火になり、挑戦する若者もいなくなっていきました。そしてバブル経済の崩壊とその後の失われた30年を経て、２０２４年の現代では若者の意識も「遠くまで行く」ことではなく、「安定を求め身近な世界で自足する」ことに１８０度転換しました。

「空気を読む」ことを必要以上に重視し、空気を読まないことは欠点であり、そういう人間は否定されるべき存在となっているように感じます。それは和を乱し、安定を壊す可能性があるからです。常に周囲の目を意識し、どうすれば目立たないかということを気にせざるを得ないのが、今の多くの若者の現状だと思います。

「キャラ」という言葉が若者の間でよく使われます。周囲から見た個性という意味ですが、「キャラ立ちしすぎる」「キャラがかぶらないように」などと言われるように、集団のなかで必死に横を見て、自分の個性の出し具合を調整している様子がうかがえます。そこまで周囲を見て関係を調整しなければならないとすれば、それはずいぶん疲れる世界で、とても独自の行動を起こせるような環境とはいえません。

また、「詰んだ」「オワタ」というような言葉がＳＮＳの世界で飛び交っています。行き詰まることに異様なほど神経質になっている今の若い人のメンタリティを象徴しているように見えます。「詰む」も「終わる」も、別に自分がそう思わなければいいだけの話なのに、そうなりたくない、周囲からそう見られたくないという一心で、「詰んだ」「オワタ」と先まわりして自嘲してみせたり、他人をそう評したり、いわば「ネタ」にしてやり過ごそうとしています。

それほど現代の若者にとって失敗は怖いことなのです。もともと周囲と横並びであることが正しいとされてきた国民性の国です。一人突出して失敗したら目も当てられない、それなら目立つことはしないでみんなと歩調を合わせていれば安心だ、というメンタリティに強く支配されています。

さらにSNSでいつでもつながっているという環境ができたことで、もはや他者の評価に鈍感でいることは至難の業です。SNSは横並びの好きな日本人にとって「相互監視ツール」という意味を持つことになりました。自分はみんなと一緒であり、はみ出すことはしていませんということを確認し合うためのツールなのです。こうなるとますます自ら新しいことに挑戦しようという意欲は遠のいていきます。

挑戦して失敗し「あいつは詰んだ」とSNSでからかわれるのは絶対に避けるべきことであり、そういう危険な事態に陥らないように、何もせずに平穏に生きているのが賢いと、多くの若者は考えているようにも思えます。

人がどう見るかを気にする世代の登場

しかし一口に挑戦といっても、別に歴史に残ったり話題になったりするような大きなことばかりではありません。例えば受験、進学、就職、転職など、ごくごく身近なことや、私たちの日常にあるほんの小さなことを始めてみるのもまた挑戦といえるのです。

会社を例に挙げてみると、多くの若い人は責任ある仕事を頼まれたときに、それをすれば自分が成長できる、チャンスだと前向きに受け止めることができないのではないかと思います。逆に、失敗したときの姿や怒られている状況など悲観的な想像ばかりが真っ先に思い浮かび、それは自分にマイナスだと考えてしまうのです。

その傾向が顕著に表れているのがいわゆるZ世代と呼ばれる若者たちです。彼らは主に１９９０年代の後半から２０１２年頃までの生まれで、インターネットやＳＮＳが当たり前に存在する環境下で育った世代です。彼らはＳＮＳが普及しているなかで思春期を迎えていることから「ソーシャルネイティブ世代」ともいわれています。

徐々に各企業の若手社員の中心となってきている彼らは独特の価値観を持っています。仕事の面では、人からどのように思われているかを非常に気にしてしまう世代であり、失敗したくないという意識が強いのだと思います。仕事に関しても、テレワークの環境が整備された企業で無理なく働き、自分なりのペースでキャリアを積んでいこうという考えにも見えます。

自分なりの安定した生き方が認められている現代の環境であれば、あえてリスクを冒して挑戦する意味はなく、その価値を実感することができなくても仕方ないと思います。彼らは挑戦しないのではなく、挑戦できない環境下にあるともいえるのです。

挑戦を成功に導くもの

情報は苦労なく集まり、バーチャルリアリティが発達して疑似体験が簡単にできる現代では、自分自身の頭で思考し、自らの体で体験することまでもが不要になろうとしています。それを「便利になった」というひと言で片付けてはいけないと思います。私たちが想像もできなかった新たな情報社会は、私たちが勇気をもって新しいことにチャレンジしていくというマインドや機会を奪うものになりかねないからです。

1960年代に青春時代を過ごした私は、その時代の若者の一人として挑戦を続けてきました。1967年に証券会社に入社した私は、営業の第一線で仕事をしたあとに、自動車の部品メーカーに転職し、自動車産業のなかで営業経験を積みました。そしてその後は義父が創業し経営する小さな会社の後継者となり、以来、半世紀以上にわたって営業の最前線に立ち、経営を続けてきました。

同時代の先輩たちのように華々しい活躍をすることができたわけではありませんが、私なりに自分にとっての大きな挑戦を続けました。うまくいったものもあり、成果が出るのに30年もかかったものもあり、失敗に終わったものもあります。

そしてあらゆる挑戦は私に、成功をもたらすためには、自分が今おかれている状況、向き合う相手、目指すべき将来をしっかり見極めたうえで、周到な戦略を立てて臨む必要があるということを教えてくれました。それができれば挑戦は必ず実を結び、自分も会社も成長させてくれます。

自ら行動しなければ何も起こりません。机の前で、あるいはソファに座ってコンピュータやスマホを操作しても、人は成長することはありません。リアル社会で人と接して言葉を交わし、ものを考えなければ気づきも進歩もないからです。

なぜ「詰んだ」「オワタ」となってしまうのか、それは失敗することを必要以上に恐れているからです。たとえ心のどこかで何かに挑戦したい気持ちをもっていたとしても、さまざまな失敗をイメージさせる情報に触れることがマイナス要素となって自信を失い、失敗することだけが頭の中に浮かび、それを恐れて挑戦することを諦めてしまいます。

だとすれば、本当は挑戦したいのにできない人たちは、失敗しない方法があれば挑戦しようという気持ちをもてるのではないか、私はそう考えています。そして失敗のリスクを軽減して恐怖心を消し去り、成功の可能性を確実に上げる能力は現実に存在します。失敗しないために必要なのは、リスクを客観的に評価し、最善の方法とそれを実行するタイミングをしっかりと見極める力です。それを私は「見極め力」と呼んでいます。挑戦しようと思い立っても、ただ闇雲に突っ走るだけではけがをして終わってしまいます。他人から無謀と思われる挑戦をしても、結果的に成功を収める人は、状況や勝負のタイミングを見極める重要な力である見極め力が備わっています。これは天性のものばかりでなく、さまざまな経験を通じて養われるものだと思います。そして見極め力は、誰でも挑戦を繰り返すことでさらに強力になっていきます。

挑戦する目標やプロセス、実現する時期、ともに進む仲間など、挑戦にまつわるさまざまなことを落ち着いてしっかり見極めれば、挑戦は必ず価値あるものとなり、成就する時が来ます。この見極め力があれば失敗を恐れる必要がなくなります。身近な小さな挑戦を繰り返すことで、いずれ大きな挑戦につながっていくかもしれません。

第2章

挑戦を成功に導く「見極め力」

目先の結果にとらわれず「次の一手」に意識を向ける

挑戦は冒険ではない

挑戦を成功に導く見極め力とは何か――それを語る前に、一つだけ明確にしておきたいことがあります。挑戦は冒険ではないということについてです。

失敗への恐れから敬遠されることが多い挑戦ですが、実はそこで回避されている挑戦は、ほとんどの場合「冒険」と呼ばれるようなものです。冒険だと思うから「それはしない」ことに傾きます。挑戦しない背景にあるのは、突出することや孤立を恐れる横並びのマインドであるとともに、挑戦を冒険のように思い込む挑戦に対する誤解です。

冒険は、何が起こるか分からないという危険を覚悟のうえで、あえて挑むことです。英語でいえばアドベンチャーです。挑戦も確かに新しい未知のことや難しいこと、成功の確率が低いかもしれないことにあえて挑むことであり、その意味で二つは似ています。しかし内実は異なります。

冒険はリスクや危険をともないます。これはコントロールしようがありません。「ハラを決めて突っ込む」しかないのです。「清水の舞台から飛び降りる」とはこのことです。

飛び降りたあとがどうなるか、それは予想がつきません。

しかし挑戦は綿密な計画や準備のうえに成り立つもので、リスクや危険をコントロールしたり、ヘッジしたりできるものです。

誰もやったことがない一人乗りヨットでの太平洋横断に漕ぎ出した堀江さんの行動は、一見するところ冒険に見えます。しかし決していちかばちかの冒険ではありませんでした。著書『太平洋ひとりぼっち』（角川文庫）を読めば、それがどれほど緻密に準備されたものかがよく分かります。太平洋単独横断を思い立った堀江さんは準備期間を5年と見て、5年後の出発日を決め、そこから逆算して必要な作業に着手します。

働きながらヨット建造のための貯金を始め、一方でヨット仲間の先輩とともにヨットを共有してレースに出ながら操船の腕を磨きます。このとき、船上の堀江さんはひとり薄着でした。ヨットマンは、帆走中はけがや疲労に備えて厚着をするのが常識なのですが、堀江青年は来るべき太平洋航海に備えて皮膚を鍛えておくためにあえて薄着を選んだのです。最も操船が難しいといわれる日本近海は念入りに練習航海を重ね、台風で海が荒れたときには高波のイメージを頭に入れるために必ず海を見に行きました。出発2年前にはトラベルエージェントで1年間の契約社員になって働きます。これは密出国にならない方策を探る目的でした（結局見つからずに、この点は違法を覚悟で出港することになるのですが）。さらに、挑戦が事前に発覚して阻止されることがないよう「堀江が太平洋横断に出る」という噂が広がらないようにカモフラージュする作戦も立てています。

自艇の発注やカスタマイズ、積み荷の準備などのメインとなる準備活動のほかに、堀江さんはあらゆるリスクを想定し、それをコントロールできるようにさまざまな方策を検討し、実践して、5年後に出発予定日を1カ月オーバーしただけで、一人で出港しました。5年前の計画であれば、しかもそれが世界初となる野心的な挑戦であれば、半年や1年くらいずれるのは当たり前です。それがわずか1カ月しかずれなかったというところに、堀江さんがいかに周到に準備を重ねたかが表れています。規模は壮大ですが、太平洋単独横断は冒険ではなく挑戦でした。堀江さんは1回で成功させました。しかし、仮に途中で断念することがあったとしても、次の挑戦は可能だったと思います。何がダメだったのか、事前の計画に照らせば、すぐに反省点が浮かび上がるからです。

どんな挑戦も無謀な冒険に終わらせないための周到な準備を経ています。そして、そのような挑戦こそ、スケールの違いはあれ、私たちがすべき挑戦です。

挑戦だけが人を成長させてくれる

冒険はしなくてもいいのです。しかし、挑戦はすべきです。

なぜならそれだけが新しい自分に出会うチャンスをつくり、自分を成長させ、成熟させてくれるものだからです。成長のない人生は、私に言わせれば意味がありません。人は誰もが成長の道を歩み続けているのだと思います。人はみな内面に弱さや未熟さを抱えています。人間である以上、当たり前です。完成した人間などいません。その内なる未熟なものと葛藤しながら生き、社会をつくっていくのが人間です。

よく知られているように、動物の脳はすべて「大脳」「小脳」「脳幹」の３つの部分からできていますが、人間は、この大脳が特に大きいのが特徴です。脳全体の80％を占めているといわれます。その大脳のなかでも前頭前野と呼ばれる部位は約30％を占める大きさで、これは動物のなかでも異色であり、動物で最も大きいといわれるチンパンジーと比較しても、その3倍もあるのです。前頭前野こそ人間を人間らしくしている場所なのですが、ここがどういう働きをしているかを辞典で調べると、こう解説されています。「ヒトをヒトたらしめ、思考や創造性を担う脳の最高中枢であると考えられている。（中略）この脳部位はワーキングメモリー、反応抑制、行動の切り替え、プラニング（出典ママ）、推論などの認知・実行機能を担っている。また、高次な情動・動機づけ機能とそれに基づく意思決定過程も担っている。さらに社会的行動、葛藤の解決や報酬に基づく選択など、多様な機能に関係している」（渡邊正孝　前頭前野　脳科学辞典　DOI：10.14931/bsd.1657〈2014〉）。

動物的な本能に突き動かされるのではなく、発達した前頭前野を使って、思考し、行動を抑制して理性的に振る舞おうとすることこそ人間だけの行いです。

人は誰もが成長と成熟の過程にあるのです。

私は『論語』が好きで時々開いて読むのですが、その『論語』にも「子曰《い》わく、人能《よ》く道を弘《ひろ》む。道の人を弘むるに非《あら》ず」という一節があります。つまり「人間は道徳存在であり、道徳は人間のものである。しかし道徳は与えられた存在として存在するのではない。人間がその努力によって不断に拡充することによって、拡充される。人間が道徳を拡充するのであり、道徳が人間を拡充するのではない」（吉川幸次郎監修『論語（中）』

朝日新聞出版）というのです。徳や人倫は人間が生きることを通して「不断に拡充する」ものだという指摘です。確かにそれが人間の成長と成熟ということだと思います。

そして、そのためには挑戦が欠かせません。なぜなら、挑戦というのは、新しいこと、自分ができなかったことができるようになることであり、それが反省や思考を呼び覚まし、昨日とは違う自分へと成長させてくれるからです。

挑戦は成功しなくても、諦めなければ失敗ではありません。諦めないということは、なぜダメだったのか、どうすればできるのかを考えてもう一度挑戦するということです。挑戦は続ける限り、失敗にはなりません。諦めるのは、次の手が見えないからです。見えていれば挑戦を続けることができます。諦めて立ち止まったとき、初めて失敗は確定します。どんな小さな挑戦でもいいから挑戦を続けていく。それが成長であり、生きるということです。

見極め力は5つある

冒険をするならただ駆け出せばいいのですが、それでは結果がどう出るか、まったく予想がつきません。いちかばちか、伸《の》るか反るかの運試しのようなものです。想定外の結果になることも多く、それでは次の一手が見えません。結局、冒険は1回限りの賭けで、次はまたゼロからのスタートです。

そして挑戦をこのような冒険に終わらせず、成功に導くものこそが「見極め力」です。見極め力にはいくつかの種類があり、特に大切なものが次の5つです。第1が目標の見極め力、2つめが時間の見極め力、3つめが結果の見極め力、4つめが人の見極め力、そして5つめが自分に対する見極め力です。

見極め力 その1　目標の見極め力

「目標の見極め力」というのは、挑戦に当たって目標がきちんと設定できているかどうかを見極める力のことです。挑戦するためには、何を実現するのか、ゴールはどこか、まず第1段階としてどこまで行くのか、という時間を伴った目標設定が必要であり、それが正しくできているかの見極めが必要です。新たに10億円の売上を得るとか1000個売るというのは目標ではなく、単なる願望です。それくらい売れたらいいな、という以上のものではありません。そもそもまだ売上ゼロの商品が、１つのアクションで一気にここまで行くことはありません。願望ではなく目標にするためには、その実現のためにどうするか、マイルストーンを置き、その一つひとつを目標にしたより身近な実行計画を立てることが必要です。小さな目標とそのための実行計画の積み重ねなしに、大目標は達成できません。

もちろんその商品やサービスの内容によって売上が伸びていく形は異なります。最初は普及のキーパーソンとなるごく一部の消費者に知られるようになり、そこまではゆっくりで、一定の時間をおいて一気に拡大することもあります。また、最初から同じ割合で、角度30度くらいのきれいな上昇ラインを描いて伸び続けるということもあります。それは商品・サービスそのものの特徴や広告宣伝の仕方でも異なってきます。新聞、雑誌、テレビ、ラジオなどの従来型のマス媒体を使うのか、それともＳＮＳやメールなどネット環境を活かしたものにするのかによっても異なってきます。段階を追って誰にどういう情報をどういう形で届けるのかという戦略が必要です。それがあれば、届けるべき情報が実際にその人に届いているかどうかの追跡と反省も容易であり、その結果で軌道修正が図れます。分割した小目標と小戦略があればこそです。目標を見極めれば、戦略が立ちます。

私の会社のようなBtoBのメーカー向け産業用ガスの専門商社・販売代理店となると、広告宣伝活動で簡単に売上が上がることはありません。誰にどういうガスを売るか、顧客となるメーカーの生産工程を知り、この工程でこのガスを使えば、生産の安定化や効率化が図れる、という青写真をまず描くことが求められます。

目標達成のマイルストーンも、単純な売上額とはなりません。生産工程そのものの革新によって新たなガスの使用が生まれるのですから、取り組みは大がかりなものになります。

そのためまず私の会社を知ってもらい信頼関係を築くことから始めなければならないのです。例えば新規のガス納入という最終ゴールは3年後と決めて、最初の1年は会社を認知してもらい、提案に耳を傾けてみようかと思ってもらえる関係づくりを目標にするということが考えられます。

そのための方策はいろいろあります。ただ自分の会社の商品やサービスを紹介しても意味はありません。まだそこにニーズはないのです。ニーズがないのに自社が扱う商品を紹介しても相手にとって意味はなく、それどころかものを売りつけることにしか関心がない人間だと受け止められて「もう来なくていい」ということになってしまいます。信頼関係づくりが目標であるなら、一緒にゴルフをするのも手段です。関係をつなぐために、まったく別の消耗品を販売するといったことも考えられます。とりあえずのつなぎです。つなぎながら時期を見て、提案するということもあります。それも挑戦の一つです。

もちろん、相手がある生産工程で今まさに悩みを抱え、それが自社で取り扱っているガスを使った設備の導入で解決できると分かれば、すぐにその提案をすることもできます。

B to CにしてもB to Bにしても、挑戦の最初のステップとして取り組むべきものは目標の見極めです。大目標だけでは動き始めることができません。そこに至る小目標とその実現時期を決定することが必要です。

挑戦の目標設定ということでいうと、私は経営の師から教わったことがあります。それは師の会社が中国につくった子会社の女性営業本部長の話です。その人は現地採用の中国人スタッフだそうです。

ある日彼女が、世界的にも有名な海外の運河でロックゲート（高低差のある水面の高さを船を載せたまま調整して船を通過させるエレベータ設備）の国際入札があるので参加したい、と言ってきたというのです。彼は、それは国の威信を懸けたプロジェクトで、うちの会社が参加するようなプロジェクトではない。化学プラント建設の仕事なら経験があるが、運河という巨大な土木施設のロックゲートは専門外であり、無理だからやめたほうがいい。先方もうちのような会社に仕事は出さないだろう、と説得したのです。ところがその営業本部長は、うちの会社が取り組むレベルのプロジェクトではないことは分かっているが、たとえ受注できなくても未知の分野だからこそ営業チームにとってはプレゼン資料をつくるだけでも非常に大きな経験になり、飛躍のチャンスになる。もし受注してしまったら、専門家をヘッドハントするか、日本の大手重工を下請けにすればよいでしょう、と言ったというのです。

私はこの話を聞きながら中国人スタッフの挑戦のマインドはすばらしいと思いました。営業チームに今とは違う次元のプレゼンを準備させる機会を提供する、というのがこのとき、彼女の設定した目標なのです。受注ではありません。受注してしまうのは会社の力量を思えばむしろリスクで、そのときは大手メーカーを下請けに使えばいい、という挑戦の戦略は今の日本の企業にはない発想だと思いました。もちろんこういう挑戦もありです。この挑戦の次は、実際に受注を目標にした挑戦が続くはずです。そういう挑戦を続けてきたから中国企業は強くなったのですねと師と話しました。

挑戦と十把ひとからげにいえるものがあるわけではありません。挑戦には大きなもの、小さなもの、ある目標に至るための手段として考えるもの、事業目的ではなく、組織や人を育てるために取り組むものなどさまざまです。なんのために、何を目標とした挑戦なのか、それを見極めることが重要です。

見極め力 その2　時間の見極め力

挑戦を成功させる見極め力の第2は「時間の見極め力」です。つまり目標の達成時期はいつかという見極めです。

一般に人は、挑戦の結果はすぐに出なければならないと思いがちです。しかし、そうではありません。5年後に達成するというのでもよいし、今は一時保留して、10年後に改めて挑戦しようということでもよいのです。それも見極め次第です。周囲を見渡して今すぐ挑戦して成果が出る環境ではないと思ったら保留すればよいと思います。何がなんでも今すぐに取り組まなければならないということはありません。その点も冒険と違うところです。冒険は、思い立った今が取り組むべき時であり、結果もすぐに求められます。10年後になんらかの結果が出ればいい、というものは冒険ではなく、あるいは10年後に取り組もうと先送りするのも冒険ではありません。冒険は即時的なモデルです。今しかありません。じわじわと結果が出たり、いずれ取り組んだりするというものではないのです。今の自分が取り組むから意味があるのであり、しかも、結果はすぐに出なければなりません。

しかし挑戦には猶予があります。なぜなら、それによって自分が何を得るのか、周囲をどう変えるのかという目標とその実現のための戦略があるからです。それがあれば、今は保留して3年後に着手するという判断もあります。前進のためのストックとして貯《た》めておけばよいのです。私の場合はいちばん長いもので30年後に成果が生まれたという挑戦がありました。しかしそれは、場合によってはそこまでかかると見越して、その間をどうつなぐかと細かく戦略を立てて臨んだものです。忘れていたものがひょんなきっかけで復活したというのではありません。小さな取引で顧客との関係を継続し、その進捗をしっかり管理しながら、それを基礎にして30年計画で大きな挑戦を成功させたのです。

見極め力 その3
結果の見極め力

挑戦を成功に導くための見極め力の第3は「結果の見極め力」です。

冒険には成功か失敗かしかありません。しかし挑戦の評価は、成功か失敗かにはありません。次につながるかどうかです。そこで何を得て、次に何をすべきか、という答えを手に入れたかどうかです。

挑戦は結果を見極めることによって、評価が決まります。仮に新商品・新サービスが、1億円の売上になったから上出来だと総括して終わるなら、それは結果を見極めたことになりません。その結果が何によって得られたものなのか、もしかしたらこちらの想定外の要因によって得られたものかもしれません。偶然の好条件に恵まれたものなら、たとえ1億円の売上になっていても再現性も発展性もありません。結果の見極めをしないままであったら、次も偶然任せになってしまいます。

仮に結果が良くても、意図した取り組みの成果でないのであれば、なぜ成果が出なかったのか反省が必要です。とりあえず1億円になったからOKというわけにはいきません。目先の結果だけを見ていたら、次にどうするかは見えてこないのです。いずれにせよ挑戦は継続しなければ目標に到達できないのであり、その点では、次の見極めにつながらなければ失敗といわなければなりません。次につながり続ける挑戦こそ成功です。

言い換えれば、挑戦とはプロセスです。冒険は結果だけが重要でプロセスはどうでもいいのですが、挑戦は結果だけではなく、次につながっていくプロセスになっているかどうかが問われます。

ニュートンは落ちるリンゴを見て万有引力を発見したといわれています。このよく知られたエピソードについてアインシュタインが、地球上には引力というものがあまねく存在しなければならない、という思考が先になければ、ただリンゴが落ちるのを見ただけで万有引力を発見することなど不可能だ、と指摘したことも同様によく知られています。長く苦しい探求を抜きに、ひらめきや思いつきで科学的真理が発見されるなどということはないとアインシュタインは強調するのですが、この話は冒険と挑戦の話によく似ています。挑戦は思考のプロセスを伴った行為です。冒険に思考のプロセスはありません。結果だけがあります。ニュートンは重力に関する長く真剣な思考というプロセスを経ていたので、１個のリンゴが落ちることをきっかけに万有引力の発見に至ったのです。たまたま落ちるリンゴを目撃したという偶然の産物ではありません。

結果を見極める力が挑戦を継続させ、それが成功に導く力になります。誰の目の前でもリンゴは何千年も前から落ち続けているのです。それを万有引力の発見につなげられるかどうかは、それまでの実験や思考の積み重ねがあり、それを一つひとつ見極めながら進んでいたからです。アインシュタインが言うように、それまでの蓄積＝さまざまな結果の見極めのない人がリンゴの落ちるのを見ても、そこから汲み取れるものはありません。挑戦を成功させるためには結果を見極めながら歩みを積み重ねることが必要です。

見極め力 その4　人の見極め力

挑戦を成功に導く見極め力の第４は「人の見極め力」です。

挑戦は一人でできるものではありません。いや英語の勉強は独学でできるという人がいるかもしれません。確かに文法を覚えたりテキストを読んだりするのは一人でもできます。しかし、覚えた英語で人と会話をするなどの共同作業がなければその挑戦は実りません。そして、挑戦を通して創造したり、生産したり制作したりすることは、すべて共同的に進めることであり、一緒につくる人やつくったものを受け取ってくれる人が欠かせないのです。消費は一人で黙々と進めることができますが、生産は常に共同作業です。挑戦は誰に対して、誰とするのかという人の見極めが必要になります。

どうすれば相手の心を動かすことができるのか、どうすれば自分の言動に仲間が付いてくるのか、その見極めとそれに基づいた戦略がなければ、挑戦は成功しません。挑戦というと、自分の信じる正しい結論に相手を引き込み、またその作業に仲間を引き入れることだと考えがちです。そして正しいという確信が深ければ深いほど、挑戦は成功するかのように思われます。

しかし、どんなことでも唯一自分が正しいということはあり得ません。そして自分が絶対に正しいと思ってしまったら、コミュニケーションも成り立ちません。ただ一方的な説得しかなく、しかしそれほど時間がかかる困難なことはないからです。自分が背水の陣という心構えを持ち、不退転の決意であることは良いことですが、そのことと自分が絶対に正しいと思い込むことは別です。

よく見られるのは、若く勢いのある人が、これは絶対に正しい、相手のためになると思い込んで一方的に、独りよがりの説得をしようとすることです。相手に熱意をもって接することは重要でも、それだけでは相手の納得は得られません。相手の出方や反応によって話し方を変えたり、反応が鈍ければ別の手を繰り出したり、先を見越してとりあえず布石を打つ、といった工夫が必要です。そもそも話を聞いてもらえる前提ができているのかどうかです。

必要なのは顧客から「君の話なら聞こう」「あなたがそう言うならやってみよう」と言ってもらえるような関係づくりであり、部下が「先輩に付いていこう」「そのやり方に学ぼう」と思うような関係づくりです。それができているのかどうか、その見極めをすることが、挑戦を成功させることにつながります。まだ関係づくりができていないなら、まずそれに力を注ぎ、きちんとコミュニケーションがとれる関係をつくらなければなりません。

もちろん、これは単なるテクニックの話ではありません。相手の懐に飛び込み、少しずつ関係を深めながら、そして自分に不足があれば補いながら少しずつ築いていくものです。

相手の話を真剣に聞く、相手が関心を持ちそうな情報を提供する、同じ趣味を楽しんでみる、時には仕事を離れて雑談を楽しむことも必要です。「仕事のうえでもそうだが、あの人と話していると楽しいし、ためになる」と思ってもらえれば、アポイントに苦労することもありません。

挑戦は相手とともに新しい現実をつくることであって、自分の確信を一方的に押しつけたり貫いたりすることではありません。相手が存在し、その意識や行動の変容が実現することによって、挑戦は初めて良い結果を生みます。だからこそ、相手を見極めてどこに一致点があるか、どこが対立しているのかを探り、あるいは、自分の仲間を見てどういうチームをつくるべきかを考えていく必要があります。相手の見極めが最も大事なことです。

ただし、信頼関係が完璧に出来上がるまでは何もしない、ということではありません。まず関係づくりがあって、それができたら提案する、と段階を追って考えることではないのです。一方で関係構築を進めながら、その進展を見極めつつ挑戦を進めていくことが必要です。

見極め力 その5

自分に対する見極め力

挑戦を成功させるための見極め力の第5は「自分に対する見極め力」です。

アプローチする相手や、一緒に挑戦する仲間との関係を築くためには、今目の前にしている相手に自分がどう見られているのかという、自分に対する見極めが欠かせません。あらゆる挑戦は新たな関係づくりです。相手を変え、自分も変わりながら、より高度な関係をつくっていくことが、挑戦を成功させます。

相手にとって、あるいは組織やチームなどの周囲の人にとって、自分がどういう存在なのかを見極めるということです。それができなければお互いに高め合うという双方向の関係づくりができませんし、それ抜きに挑戦は成功しません。

私は社会人としての最初の4年間を、証券会社の営業マンとして過ごしました。証券の世界は固有の商品のない世界です。扱っているのは何千社の株式であり何千種類の金融商品です。それは、どの証券会社でも扱っているもので、顧客にとっては誰を通じて売買しようが商品に変わりはありません。顧客が私という人間とのやりとりに価値を見いだしてくれなければ、別の会社の営業マンを通して売買をするだけです。それでも売買した結果の損得はほぼ同じです。

4年の間、私はいかにして自分が顧客に必要とされる存在になるのか、ということを考えていきました。扱う商品になんの区別もない以上、営業マンとしての私の挑戦を成功させるためには、私自身が魅力的な商品になるしかないのです。そのための挑戦は証券マンとしてだけではなく、その後の営業活動や会社経営の場面でも大きな力になりました。相手と仲間を見極め、そのうえでさまざまな関係づくりを進めると同時に、今自分は周囲からどのように見られているのか、そもそも話を聞いてもらえる存在になっているのか、ということを常に振り返っていました。その自分への見極めは、次はどういう関係づくりが必要か、という追求につながりました。

証券マンとして大小さまざまな法人の経営者との関係が広がるなか、幸いなことに私は「うちの会社に来ないか」という誘いをいろいろな人から受けることになり、そのなかの一社が自動車部品関係の会社だったので転職することにしました。１９７０

年のことです。当時日本の自動車産業は一大躍進期を迎えていて、１９６９年に５５１万台ほどだった乗用車の保有台数は１年後には７２７万台、翌年には９１０万台、さらに翌年は１０９１万台とたいへんな勢いで拡大していました（自動車検査登録情報協会資料）。その業界に入りたいと思っていたのです。自動車のランプを扱うメーカーに入って営業担当となり、顧客である自動車メーカーと自社の工場との間に入って納品を管理する仕事に就きました。当時急成長していた自動車産業でしたが、周辺の部品供給工場も含めて不良品が多く、まちでは「新車は買わないほうがいい」という声すら上がっていました。私が入った照明部品メーカーもご多分に漏れず不良品が多く、私は納入先の自動車メーカーに呼ばれては「どうなっているんだ」と叱られ、自社の照明部品の工場に行けば「こっちだって一生懸命やっている。本社は工場の状況を分かっているのか」とうるさがられ、私は板挟みになりながら、不良品問題の解決に当たることになりました。それも私にとっては大きな挑戦でした。顧客の自動車メーカーと自社部品工場の作業員のそれぞれにとって、自分が価値を認められる存在にならなければ、どちらにも話を聞いてもらえません。ここでも挑戦の成功のために必要だったのは、新たな関係づくりであり、相手と自分がどのように向かい合っているのか、それを見極めながら、関係の改善・前進を図ることでした。

その後、結婚を機に義父が創業社長を務めていた会社に入ったときも、なんの実績もない私が意見を通すためには、社長はもちろん、先輩従業員に価値を認められる人間になっていなければなりません。求められたのはやはり関係の見極めであり、自分のおかれた位置や自分の持っている力の見極めでした。

見極め力を高める3つの視点

挑戦が冒険ではなく挑戦である限り、成功のために必要になるのは、やる気や情熱ではありません。先に示した5つの見極め力です。目標を見極め、実現の時期を見極め、結果を見極め、そして関係を見極め、自分を見極める、その力です。誰にも挑戦があり、失敗や挫折があります。それを振り返るときにも、これらの視点からの具体的な見極めが重要です。漠然と結果だけを見て、うまくいかなかった、ダメだったと嘆くだけでは何も得られません。目標の見極めはどうだったのか、時期や成果の見極めはどうだったのか、それを実現するために必要となる人間関係や自分自身の力をどう見極めていたのか――こうした見極め力を鍛えるため、３つの視点を忘れないことが重要です。

１つめは「恕《じょ》」です。これも『論語』（衛霊公篇）に書かれている孔子の言葉です。

「子曰く『其れ恕か。己の欲せざるところ、人に施すことなかれ』」

（人の生き方で大切なことは何でしょうかという質問に先生が言われた。それは恕である。自分が嫌だと思うことは人にはしてはならない）

人の気持ちが分かるようになること、相手の身になって思い、行動することができるようになることです。これがなければ、起きている事態を見極めることはできません。一方的に自分の視点で断罪することしかできないからです。

２つめは「温故知新」です。よく知られた四字熟語ですが、これも元は論語です。

「子曰く、故《ふる》きを温《たず》ねて新しきを知る、以って師と為るべし」

（古くからの伝えを大切にして、新しい知識を得ていくことができれば、人を教える師となることができる）

つまり、昔の知識や教えを丁寧に学びながら、そこから新たな知識や道理を導き出すことが必要だということです。時代が変わっても、人間の根源は変わりません。古い時代のことを丁寧に学べば、必ず今に活きるものがあるということです。昔のことをないがしろにしたら、新しいことを知ることはできません。見極めるためには、過去からの確かな学びが必要だということです。

3つめは「一月三舟《いちげつさんしゅう》」です。これは論語ではなく仏教用語です。一つの月も、止まっている舟、北へ行く舟、南へ行く舟から見るとそれぞれ異なって見えるように、人はそれぞれの立場により仏の教えを異なって受け取るということを説いたものです。一つの物事をさまざまな角度から考えることが必要だということです。

挑戦を成功させる5つの見極め力を高めるためには、相手の立場に立つ、過去から学ぶ、多面的な見方をする、という3つのことを忘れてはなりません。

第3章

人間関係、交渉、進言——

時に引きながらも反応を観察し、相手の思考を見極める

木下藤吉郎の知恵

挑戦を成功させる5つの見極め力のなかでも特に重要なのが人の見極め力です。自分が取り組もうとしていることの成否の鍵を握るのは誰か、応援団になってくれるのは誰で、抵抗勢力となるのは誰か、ライバルはいるのか、といったことを見極め、それぞれにどう対処するのか、相手に合わせて戦略を練るということです。その準備があれば挑戦を成功に導くことができます。

人の見極め力とは例えばこういうことです。

戦国時代、尾張出身の豊臣秀吉がまだ木下藤吉郎という名で、同じ国の織田信長に最下級の奉公人として仕えていたとき、主君の草履を体で温めたうえで足元に差し出し、自らの存在を信長に強く印象づけた話があります。

信長が外に出ようと「草履をもて」と命じると、草履取りであった藤吉郎はすぐに足元にそろえたのですが、信長はそこに足を置いた瞬間、怒りをあらわにします。それは草履が温かかったからです。信長は草履取りが尻に敷いて寒さをしのいでいたに違いないと考えたのです。藤吉郎は平身低頭しながら「めっそうもないこと。冷たい草履はお体に障ると思い懐で温めておりました」と事情を話すと、信長は証拠を見せろと詰め寄ります。そこで藤吉郎は服をはだけ、土で汚れ鼻緒の跡の残った体を示した、というエピソードです。

ここには、のちに織田家筆頭の武将へと出世する秀吉が、その階段を上っていくために、いかに巧みに信長との人間関係を構築していったのかが示されています。それが藤吉郎の申し開きのとおり、単なる主君への気遣いが生んだ偶然とみるのは、あまりにもナイーブな解釈です。策を講じなければ信長に近づくチャンスなど絶対にないことは、誰の目にも明らかなのです。人間関係を見極め、信長の性格をしっかりとつかんだうえの作戦は見事に実って、まず突破口を開いた藤吉郎にとって、あとの道のりはそう難しいものではなかったと思います。近くに仕えることさえできれば信長の信頼を勝ち得ることはできると踏んでいたはずです。藤吉郎は信長の性格をつかみ、人間関係をどうつくるか、その見通しを立てていたからです。

実際、藤吉郎は持ち前のアイデアと人懐っこい性格でめきめきと頭角を現し、普請奉行の山淵右近が命ぜられて20日経っても終わらせることができずに信長を怒らせていた清洲城の修復をわずか3日で終わらせ、さらに美濃の斎藤家に対する工作活動などを通して絶大な信頼を勝ち取ることを通して、着実に配下筆頭の武将となりました。挑戦の成功が人間関係の見極めと新たな関係づくりに大きく関わっていることは、こうした歴史上の人物の逸話からも明らかです。

どういう人が成功者になるのかを見極める

藤吉郎は「うつけ」といわれていた信長が、やがて岐阜から出て、天下を取るだろうと見極めていました。同時に、どうすれば近い将来の天下人の視野に自分が入るか、信長のどういうところを突けば自分に顔が向くかを考え抜いて行動し、成功しました。

どういう人が信頼され、事業で成功するか、今は戦国時代ではありませんが、私の知り合いで長年の銀行勤めから退き、今は経営コンサルタントのようなことをしている人が、あるとき私に「大野さん、事業で成功する人には明らかに共通点があります。なんとなく感じていましたが、今度きちんと調べ直してデータにしてみたんです。そうしたらね、分かりました」と言って、一枚の紙を見せてくれました。そこには「成功する人の10カ条」が書き出してあったのですが、これがなかなか面白いのです。私は証券営業を通してそういう人を経験的に見極めることができるようになっていましたが、データからも共通項が浮かび上がっていました。

それによると、1．素直であること（松下幸之助さんが好んで色紙に書いたのもこの「素直」でした）、2．ポジティブであること、つまりプラス思考、3．勉強好き、4．徹底的にまねをすること、5．掃除が好き、6．よく笑う人、7．おしゃれな人、8．運のいい人と付き合っている、9．ありがとうが言える、10．耳に穴を開けていない人（これはほとんど冗談だそうです。耳は情報を集める大事な機能があるから、ピアスの穴を開けるなという意味だそうですが、別にピアスの穴くらい開けても耳の働きにはなんの関係もありません。要は情報を大事にしろ、ということです）。

なるほど、こういう見極め方もあるのだと感じました。

いずれにしても、自分が挑戦しようとするときに、誰に付くのか、誰を相手にするのか、仲間はどこにいるのかという人間関係における見極めは非常に重要です。これができなければ取るべき戦略が見えてきません。

5人兄弟全員を大学へ

新たな挑戦に乗り出そうとすれば、必ず周囲からのリアクションがあります。今までにないことをしようとするのですから、「面白いね」とか「やめておけ」とか「勝手にすれば」とか、相手との関係がどのようなものか、浅いのか深いのかといったことにもよりますが、とにかくいろいろな反応が出てきます。

それは大事にすべきものです。周りがどう反応しようとただ前に進むだけというのは、威勢はいいのですが、せっかくの気づきの機会を逃すことになります。さまざまな反応のなかには、その挑戦に進むか進まないかということも含めて、その方向でいいのか、どうやれば成功するのか、自分にとってどこがいちばん難しくどんな準備を心がけたらいいのか、といったさまざまなヒントを与えてくれるものがあるからです。「とにかく進むだけ」というのではなく、時には立ち止まり、周囲の反応を見極め、それを挑戦の糧にすることが必要です。

実際私の挑戦も、社会に出る最初の一歩からさまざまな反応を呼び、そのなかで私はいろいろな学びを得ました。

若者は成人して社会に出ます。人生の最初の挑戦を迎える時といっていいと思います。まずそこに立ちはだかるのが親の存在、特に母親です。母親との関係をどう見極め、どのようにつくっていくのか、そこに最初の挑戦の成否がかかっています。

実は私は映画俳優になりたいと思っていました。高校生の頃から映画が大好きで、期末テストが終わるとしばらく映画館に通うというのがテストを終えた私の息抜きであり楽しみでした。しかし伝手《つて》があるわけではありません。なんとなく淡い願望だけで、実際には大学受験をしました。私の母親は明治生まれの厳格な人です。しかも尾張藩の武士の家系であることを誇りにしていました。子どもの教育には人一倍熱心で、私は5人兄弟で上から4番目ですが、母は子どもを健やかに育て、全員を大学に通わせることが夢でした。それだけが生きる目標だったと言ってもいいほどです。わが家の財産分けは教育だ、とも言っていました。

当時の母親というのは職業を持つのは本当にまれで、そもそも女性の職業は、教員か看護師、ほかには製糸工場などの工員程度です。まして主婦として家庭に入れば仕事はありません。家事がすべてです。しかも5人、6人と子どもを産むのは当たり前で、なかには10人以上という家庭もありました。朝早くから夜遅くまで家族のために家事に追われる人生です。男はいっさい家事をしませんし、洗濯機も掃除機も冷蔵庫もありません。成長した子どもが手伝ったということはあるにしても、基本的に家事労働を一手に引き受けていたのは母親です。子どもが立派に成人することだけを夢見て、朝早くから夜遅くまで懸命に働きました。明治時代の女性の結婚適齢期は15歳から20歳ぐらいまで、大正時代に入ってやや遅くなったといっても18歳から22歳くらいだったといわれています。昭和に入ってようやく20歳を超えてからの結婚が増えましたが、それでも25歳を過ぎたら「あの娘は遅い。どうしたんだろう」と噂になるような世の中でした。今の時代では考えられないことです。20代前半から一生家庭にいるということも、現代の女性には想像もつかないことではないかと思います。そういう時代のなかで、母は5人の子どもを懸命に育てました。

上3人は優秀だったのですが、4番目の私は親の目もそれほど厳しくはありませんから、自由気ままに育ち、勉強もせず、近所では乱暴なガキ大将で、母親は手を焼いたようです。それだけにどういう人生を歩むのか心配のし通しでした。

「やめとけ」という反応しかなかった俳優への道

私は東京の大学に入りました。本当は慶應に入りたいと考えていたので意中の大学ではなかったのですが、親から浪人することは許さないと言われ、気乗りがしないままの入学でした。案の定、入学早々「五月病」になってしまい、授業に出る意欲を失いました。そのときに思い出したのが高校生のときの映画俳優への夢です。大学をやめて俳優の道に進もうと考え、ニューフェイスに応募することにしました。当時は東宝、東映、松竹といった映画会社が毎年のように俳優志望者を募集していたのです。映画界になんのコネクションもなくても、ニューフェイスへの応募をきっかけに俳優になるという道が用意されていました。1万から2万人といったたいへんな数の人が応募するので、限りなく狭き門ですが、三船敏郎や宝田 明、岡田眞澄、高倉 健や梅宮辰夫、千葉真一などニューフェイスから有名俳優になった人はたくさんいました。私もポートレート写真や履歴書など、応募書類一式を封筒に詰め、なんとなく東映か松竹がいいと思ってあとは投函《とうかん》するだけでした。ところが東京で同じ県人寮にいた長兄に見つかってしまい「大学に入ったばかりだというのに何を考えているんだ。そもそもお前が俳優になれるわけないだろう」とこっぴどく叱られました。当時長男といえば、兄弟のなかでも別格の権威があり、まして実家を離れて東京にいるとなれば、親代わりの存在です。私はひとことも反論できませんでした。間もなく岐阜の母にも話が伝わって、母からも絶対にダメだと言われ、投函するだけになっていた封書を破り捨ててきっぱり諦めました。

あっけなく頓挫した人生最初の挑戦です。しかし、正直なところ当時の私にはどうしても俳優になるという切羽詰まった気持ちはありませんでした。もしそれがあれば、兄や母の反対を振り切って応募したはずです。兄以外の兄弟の誰かを説得して味方を増やすとか、叔父に頼み込んで援護射撃をしてもらうとか、いろいろな手を打つことができましたし、実行しただろうと思います。挑戦を成功させるには、キーパーソンは誰でどう説得するかという見極めは欠かせません。しかし当時の私はそれをしていません。俳優しかない、もうあとがないという思い詰めたものがなかったからです。大学に受かって遅れて東京に出てきた私を、何くれとなく助けてくれていた長兄、苦しい家計の中から兄たちに続いて私を大学に送り出してくれた母、家族の温かな思いを知りながら自分のわがままを押し通しても、それは心のわだかまりとなって残るのは間違いありませんでした。兄たちに歯向かい、母の気持ちを裏切り悲しませたという事実はずっと私の心に引っかかり続けたはずです。それを押してもなお俳優になりたいかといえば、私は自分にイエスとは答えられませんでした。

反対されてよかったと思います。それを説得する力がないということは、私の挑戦が本気ではなかったということであり、私自身がそれを自覚するきっかけになりました。仮に「いいんじゃないの。好きにすれば」と言われていたら、私は応募書類を投函し、無謀な一歩を踏み出してしまったと思います。大学がなんとなく面白くないということから、子どものような憧れだけで行動しようとした自分を止めるきっかけもつかめないまま、挫折必至の道に入っていたに違いありません。強硬な反対に遭ったことが、自分の幼さを見極めさせてくれるきっかけになりました。

私の最初の挑戦は、自分を知ることで未遂に終わりました。それは価値のある退却だったと思います。自分を見極め、周囲を見極めることができなければ、挑戦は失敗に終わるということを、改めて知ることができたからです。自分の軽薄さや兄や母の私への思いの深さを知ったことは、その後の私の長い人生を支える力の一つになりました。

証券の世界へ、今度は挑戦を貫く

実は俳優騒動のときの兄や母との衝突にはもう1ラウンドありました。それは大学4年になって就職を考えたときのことです。

私は証券会社に入りたいと考えていました。しかし、証券会社は切った張ったの博打《ばくち》打ちのような世界と思われていた時代です。銀行勤めならエリートですが、同じ金融業界でも証券会社勤めは〝株屋〟と下に見られていました。誇り高い母親が認めるはずもありません。実際、私が証券会社に勤めるつもりだと知ると大反対で、兄たちも私の意向を耳にして、証券会社はやめておけと言い出しました。彼らは大学卒業後に日本を代表するような上場企業に勤め、海外駐在などもしていましたから、その家族から株屋が出るとは、というのが本音のところです。叔父の一人は当時の大蔵省に勤めていたので、もちろん反対に回りました。私は四面楚歌です。

しかし、俳優のときとは違って私は諦めませんでした。

私が大学で学んでいた1963年から1967年、日本経済はそれまでの「神武景気」

「岩戸景気」を受け、東京オリンピックを経て「いざなぎ景気」へと続く高度経済成長のピークにありました。１９６１年の投資信託の発売時には「銀行よさようなら、証券よこんにちは」というキャッチフレーズが使われています。個別企業の株式だけでなく投資信託への資金流入が続き、投信の年末残高は１９５５年頃の約６００億円から５年後の１９６０年には10倍の６０００億円を超え、翌年には約１兆円を超えるまでに急拡大しています。わずか１年で２倍近くになったのです（『日本銀行百年史 ３．証券不況とその対策』）。暮らしにゆとりが出てきた自営業者や一般の会社員の資金が、証券会社を通して株式や債券などの市場に投入されるようになったのです。証券会社による直接金融を背景に、各企業は設備投資を積極的に展開して事業の成長を図ろうとしていました。当時の証券会社の役員クラスの人のなかにはボーナスが12カ月分支給されたという逸話も残っています。世間はまだ株屋という認識でしたが、実際には、日本経済の成長に欠かせない巨大なエンジンになっていたのです。

私はこの証券の世界に興味を持っていました。もちろんその理由の第一はこれからの日本経済を牽引《けんいん》するのは、資金の出し手と資金を必要とする企業を直接結びつける証券会社のような直接金融の存在だと思ったからですが、もう一つは、下世話な言い方になりますが、ものすごく稼げる職場だったからです。

当時の私はお金を稼ぐということに興味があり、大いに稼ぎたいと思っていました。自分のなかのどこかに「武士の家系」とか「高潔な志」というような「うちはよその家とは違う」という気位の高さに反発するものがあったからかもしれません。いかにもヤクザな世界という雰囲気には少しですが憧れすら感じていました。

私は周囲の反対を押し切って準大手といわれる証券会社に就職しました。ただし長く勤めるつもりはありません。この世界を経験したい、それは決してこれからの人生で無駄にはならないだろうという自分にとっての価値を信じてのことです。生涯を証券マンとして過ごそうとは考えていませんでした。

母と兄も、二度までもダメとは言いにくかったようです。私の意志が固いとみると、それ以上は反対しませんでした。私がそこに骨を埋めるほどの気持ちをもっているわけでもなさそうだと感じて、今回は気が済むようにそこで働いてみればよいと思ってくれたようでした。

押してもいい、引いてもいい

挑戦は必ず周囲との摩擦が生まれます。そのとき大切なのは、問答無用で突っ走ることでも、ただ言われるままに引き下がることでもありません。その摩擦の中身を見極めることです。それによって自分がやろうとしていることの価値を振り返ることができ、どのように挑戦するかが見えてきます。今はやめておこうという判断もできます。私は一度は諦め、一度は貫きました。それぞれに意味があり、人との関係をどう見極めるか、その教訓を得ることができました。

子どもはしばしば自分なりにしっかり考えたつもりで将来の道を選択し、親に打ち明けた途端に厳しく反対されて逆上してしまうケースが少なくありません。自分なりの大人への一歩がくじかれたことがショックで、親とは口も利かずに部屋に引きこもってしまうとか、ひどい場合には家出をしてしまうということもあります。私がそこまでに至らなかったのは、俳優の夢はあまりにも子どもじみた憧れだと自分で振り返ることができたからだと思います。それからの４年間の学生生活で、私は少し自分を見極める目を養うことができました。

押してもいいし、引いてもいいのです。ポイントは「周りを見ろ、かたくなになるな」です。とにかく自分の意志を貫けばいいというのは子どもの論理でしかありません。強い意志は大事ですが、同じように家族や周囲への思いも大切です。そのバランスを見極めることができるのが大人であり、それに合わせていつどのように挑戦するか、考えを整理すればいいのです。

実は母との関係では、3つめのやりとりがありました。私の結婚についてです。私が20代後半の頃から母は私にしきりに見合いを勧め、私はといえば、まったく結婚する意思はなく、生涯独身で過ごそうと思っていましたから、毎回理由を付けて詳しい話を聞くことすらしていませんでした。しかし、親戚や近所の世話好きが次から次へと話を持ち込んでくるから、とにかく会うだけ会ってくれ、結構ですと断る私の身にもなってくれと言われ、結局、27歳で初めてお見合いをして、それ以来、実に13回もお見合いをすることになったのです。

最初から会うだけというつもりですから、一度会ってすべて断り続けていました。しかしあるとき、この人は私の目から見てもすばらしい、もう断らないでくれと泣きつかれ、最後はその涙に負けて結婚することにしました。これは私のさまざまな挑戦のなかで、私が何も見極めることをせず、ただ母を悲しませないように、というだけの選択で進めたものでした。しかしそれがのちに、この結婚で義父となった人の会社で働き、後継者として30年近く経営の舵《かじ》を取ることになります。

考えてみれば、俳優を断念した最大の理由も、母を悲しませまいとしたことでした。結婚もまた、母の涙に負けたものです。

私が何かを決断するときにはいつも母への思いがありました。そういう自分であることは分かっているので、母の意思を尊重して選択した結果について後悔するようなことはありません。それもまた私の自分への見極めの一つです。有《あ》り体《てい》に言えば、私は母に弱かったのですが、その根底にあるのは誇り高く生きなさいといつも私を見守ってくれた母への感謝の気持ちです。私はそういう決断をする人間であるということを自分なりに見極め、それも自分の個性だと引き受けて、それからの人生のさまざまな岐路で、私なりの決断をしていきました。「誇り高くあれ」という声は、いつも、そして今も私のなかにあります。

証券の世界で知った人との関係のつくりかた

証券会社での仕事が私の社会人としての初めての仕事でした。私はそれしか知らないからそういうものだと思っただけですが、さまざまな職業・職種を俯瞰《ふかん》して見ることができる人なら、私は同じ社会人としてもかなり特異な世界に入ったといえるかもしれません。

当時営業マンは、自動車、保険、証券業界が最も難しく、この3つの業界のいずれかで活躍できたら、営業マンとしてどこに行っても大丈夫だといわれていました。その理由は、まず競争が激しいこと、高額の商品を扱うこと、そして扱う商品にほとんど差がないことです。自動車にはブランドイメージやデザインに多少の区別がありますが、それでもどのメーカーでもほぼ同じ仕様や性能の商品が手に入ります。保険や証券になれば、扱う商品に差はありません。

結局、人の勝負です。人としてどこまで信頼してもらえるか、面白い人間であり、話をしてみようと思ってもらえるかが営業マンとしての成功を左右します。人間関係をいかにつくるのか、相手を見極め、関係を見極めることが営業のすべてでした。相手にとって自分がどういう存在になれるか、それだけが問題なのです。

私が入った証券会社には同期入社が１００人近くいました。今のように丁寧な新人研修や、先輩がコーチとして付いてマンツーマンで教えてくれるということもありません。ごく初歩的な知識だけを教わって、あとはいきなり団地に連れて行かれ、新入社員で手分けして一軒ずつ訪問して売ってこいと放り出されました。

そもそも勤めたことがなく、戸別訪問でのセールスなどもしたことがありません。いかに株式や投信に一般の人の関心が高まり始めていた時代とはいえ、呼び鈴を押してもほとんどドアは開けてもらえず、一瞬開けてもらえても、証券会社のセールスと分かった途端に鼻先で乱暴に閉じられました。50軒、１００軒回っても、まともに会話ができるのは1軒か2軒です。しかも過重なノルマがありました。今でいうパワハラも横行していて、精神的には非常につらく、実際、３日も持たずに辞めていく同僚が何人もいました。３カ月後に残っていたのは新入社員の半分くらいです。会社はそれを見越して大量採用しているので、次々と新人が辞めていっても苦にならないようでした。私も想像以上に大変な世界だとは思いましたが、家族の反対を押し切って入った世界ですから簡単には引き下がるつもりはありませんし、それは許されません。なんでも吸収したいと思っていました。

とにかく、売るものが同じなら、この人間は証券会社の営業マンといってもちょっと違うと興味を持ってもらうことが大前提になります。入り口のドアを開けてもらえなければ何も始まりません。

私は家庭教師のアルバイトで貯めたお金が少しあったので、スーツをオーダーしました。靴も社会人1年目としてはかなり高級なものを買いました。鞄《かばん》にもこだわりました。社会人1年目でそんな人間はほかにいませんから、おそらく当時の証券営業の雰囲気とは違っていたと思います。まさにそれが狙いです。ほかにも、人との話が盛り上がるようにいろいろな趣味をもちました。囲碁、将棋はもともとできましたが、麻雀《マージャン》、釣り、テニスなど、なんでも挑戦しました。社交ダンスも学生時代に習っていました。そうすると、ひょんなきっかけで話が盛り上がり、今度の休日に一緒に、という話にもなります。そうやって少しずつ相手の懐に入っていくのが遠回りのように見えて営業成績を上げる近道でした。とにかく相手を見極め、どういう会話や付き合いが相手との良好な関係づくりにつながるかを知ることでした。商品知識などは別にいりません。それはパンフレットに全部書いてあります。この人の言うことなら間違いはないだろうと思ってもらえたら、それで営業は成功です。専門的なことを聞かれたら、上司でも支店長でも同行してもらえばいいだけです。支店長は将棋が好きだったので、私はよく支店長に声をかけられ、昼休みに対戦していました。ほかに支店長と互角に将棋が指せる社員がいなかったのです。私は東京から名古屋に転勤してきて間もない若手社員でしたが、将棋を通して支店長を昼休み中独占してすぐに親密になりました。私が支店長と過ごす時間はほかのどの社員よりも長かったと思います。商品ではなく自分を売り込むために、相手を見極め、あらゆる手段を使って相手の懐に入ることを考えていましたが、それは顧客だけでなく支店内でも有効でした。

毎朝7時に出社して準備を整える

最初の団地の戸別訪問が一段落すると、中小企業の経営者や地元の名士のような人のところにも訪問するようになりました。特に名古屋に転勤してからは、会社を手広く経営しているオーナーに数多く接しましたが、このときも一人の人間としてどれだけ興味を持ってもらえるか、信頼してもらえるかがすべてでした。朝は7時に出勤、全国紙や専門紙合わせて15紙くらいにすべて目を通し、場が開くと顧客に勧めた株式を中心に値動きをしっかり追いかけ、あとは売買に関して電話にかかりきりになります。売りか買いか、さまざまな相談にも答えなければならず、しかもすべてを秒単位で判断しなければなりません。グズグズしていたら、その何十秒かで顧客の損失が一気に膨らんでしまうこともあります。

毎日必死でした。しかし、私も判断を誤ることがあります。絶対に間違えない証券マンはいません。ここは買いましょうと勧めた株式が、一気に値下がりして顧客に大損をさせてしまうこともあります。そういうときこそ、信頼関係がどこまで築けているかが問われました。顧客も全財産を使って伸るか反るかの博打をしているわけではありません。資金に余裕のある人が半ば遊んでいるのです。仮に大きな損失が生じても、信頼関係が築けていれば、まあしょうがない、次は儲けさせてくれ、で終わります。名古屋支店で会社経営者などの富裕な個人客を担当するようになって、そのことを改めて感じました。

自分のヒストリーを自分の言葉で語れるかどうか

もともと一代で会社を築いてきたようなオーナーの人たちは、人を見ることにたけています。細かいことまですべて自分が首を突っ込むことは、時間的にも無理であり、それをしていたら会社の経営はできません。信用した人間に任せることが必要で、それも何年もかかって見定めているわけにもいかないので、初対面で相手を見抜く眼力を備えています。営業マンもその目に適《かな》う人間であることが必要です。しかも事業で成功したオーナーのもとには、あらゆる証券会社や銀行の営業マンが日参しています。そのなかでも一目置かれる存在にならなければなりません。

ここでも私の多芸・多趣味が役に立ちました。当時、名古屋出身の世界的な富豪で松下幸之助と並び称される実業家がいました。私はたまたま証券会社の営業マンの一人として会う機会に恵まれたのですが、先方は80歳近い人で、私はまだ24歳か25歳くらいでした。孫といってもいいような年の開きがありましたが、たいへんかわいがってくれ、一時はどこに行くのも「ちょっと行こうか」と誘ってもらいました。夜のクラブにも誘われて同行しました。私は仲良くなったホステスさんに株や投信を売っていました。映画界に近い人だったので芸能界の人とも知り合う機会があり、私が経験してきた〝表〟の社会とはまったく様子が異なる社会を知ることになりました。

ほかにも企業オーナーとの付き合いは多く、証券会社の営業としての私の仕事は順調でした。当時の業界ルールが甘かったこともあり、私自身も現物株を買って投資家と同じ立場で考えるといったこともしていました。もちろん、私が勧めた銘柄で損をさせてしまったこともあり、逆に大いに儲けてもらったこともあります。儲けが出たようなときには、こういう人たちは私のような若い人間に、10万円、20万円という小遣いをポンとくれたりします。当時の大卒初任給が2万5000円くらいですから、もらうほうにしてみればたいへんな金額です。しかし、こういう人たちが株の売買で儲けるときは何百万円という額ですから、それくらいはどうということはなかったのかもしれません。

とにかく、この当時の私の追求は、いかに相手を見極め、人間関係をつくるかでした。そのための労はいっさい惜しみませんでした。多くの人にかわいがられ、営業成績も良好でした。自由になるお金が同世代に比べて圧倒的に多かったこともあり、人間関係づくりに役立てばと思って、さらにいろいろな趣味やスポーツに手を出しました。

人間対人間としての付き合いが必要だったのです。ビジネス以外でも、遊びのことや家族のこと、子育てや教育のこと、幅の広い会話ができ、自分の考えを語れなければなりません。固有のヒストリーを語れるかどうかです。自分のことや会社のこと、日本のことを自分の言葉で語れなければ信用されません。求められていたのは商品を売り込むための話術ではなく自分を語れるかどうかでした。

　いくら相手が年上で、人生経験が豊かだといっても相槌《あいづち》を打っているだけでは、相手はその人間に何も魅力は感じません。「そうですか、知りませんでした」「なるほど……」ばかりでは「君は何も知らないんだな」とあきれられるだけです。それは知らないけれど、これは知っている、それについて自分はこう考える、こういう意見を聞いたことがある、といった会話につなげることが必要です。そのためには自分でいろいろなことを学んでいかなければなりません。そしてそれを自分の言葉にしなければなりません。どこかで聞きかじっただけの借り物の言葉か、その人間の中から出てきた言葉かはすぐに分かります。自分の頭で考える、ということがどうしても必要でした。別に、立て板に水のごとくしゃべらなくていいのです。少し言いよどんでも、適切な言葉を探して「だから……」と間が空いても、本当に自分の考えなら相手に響きます。若くて未熟だけれど、面白い人間だと感じてもらえます。そうすれば親密度が増し、相手についての情報も増え、相手を見極める力は大きくなります。それは人間関係をさらに深める意味でも、仕事のうえでも好影響を及ぼし、ここは引く、ここは押す、という判断の精度はどんどん上がっていきます。

多種多彩な人との付き合いで手に入れた見極め力

ただし、私のなかでは、やはりこの世界はまともではない、いつまでもいる世界ではないという感覚がありました。会社の看板や商品の力ではなく、〝ピン（ひとり）〟で立ち、自分の価値の向上に努め、相手を見極めたうえで相手に合わせて、いわば演技をするように、面白い人間として自分を押し出すという訓練はできたと思いました。市場の動きを読み、まるで博打をするように巨額の売り買いの判断をする、その責任をすべて自分で背負うというヒリヒリするような相場の臨場感も知りました。

もうこの世界は卒業してもいいかなと思ったのは、証券会社に勤めて4年ほど経った頃です。映画をはじめとして飲食や娯楽の世界で成功して大富豪となり、私をかわいがってくれた古老から、今度はゴルフ場をやるが、その運営を手伝ってくれないかと誘われたときに、引き受ければこの世界にさらに深入りすることになる、それはやめよう、証券の世界からも抜けようと思いました。この世界で学べることは学んだと思いましたし、母親の「誇り高く生きなさい」という声は、私の胸の中にいつもありました。幸い、証券の営業で付き合いのできた法人オーナーからうちの会社に来ないかという誘いをいくつかもらっていたので、そのうちの一社である自動車関連のものづくり企業に営業として入社することにしました。

証券会社で学んだのは、人対人の関係づくりがいかに大切かということです。証券の世界でものを売るということは、自分を売ることです。この株は買いましょう、これは売りましょうという判断は、論理だけではありません。株式の売り買いに、勉強して覚えられる理屈などないのです。顧客がいくら市場を研究しても自分で判断ができるようになるわけではありません。私が言うからそのとおりにしてみようということなのです。私を買ってもらうということです。そのためには相手を見極め、自分を見極めて、良好な関係づくりを計画的に進めることが必要でした。見極め力を養わなければできないことです。幸い私は、証券という世界に入ったことで、同世代の会社員ではとても経験できない社会を知ることになり、普通では出会えない人々に会うこともできました。それは私の人生の幅を広げてくれ、人を見極める力を鍛えてくれました。初めて社会に出てわずか4年で、普通の会社勤めの20年分くらいの経験を積み、私はどんな人の前に出ても冷静に対応し、距離感を調整しながら付き合いを進めていくことができるようになりました。「人間関係には自信がある」――私はそう言える人間になっていたと思います。この期間に学んだ見極め力が、私のその後の社会人としての人生の基盤になりました。

納品したランプに頻発したトラブル

証券会社の次は、当時、破竹の勢いで伸びていた日本の自動車産業に身をおき、日本のものづくりの世界を知りたいと思っていました。照明分野の自動車部品メーカーからの誘いは、私にとって渡りに船だったのです。その会社が優秀な業績で、今後も大きく伸びそうだということは、証券会社時代に株式を扱うなかで研究済みで、誘われるまま営業マンとして転職しました。

営業マンといっても、新たに販売先を開拓する業務ではありません。すでにこの会社の照明器具（ヘッドランプやテールランプ）は複数の大手自動車メーカーに供給されているので、改めて販路を開拓する仕事はありませんでした。私の仕事は、自社の工場からの納品が要求されている仕様・数・約束期限どおりであるか、納品を管理する仕事です。

私に電気の知識はなく、設計図面も読めません。しかし、それを一つひとつ教えてくれるような環境ではありませんでした。このままでは仕事にならないと思い、電気は本を買い込んで毎日終業後に独学で学び、図面についてはまず自分でいろいろな立方体をつくり、それを壊しては展開図にするということを繰り返しました。そうしているうちに立体と平面図との関係が感覚としてつかめるようになっていきました。

しかし実際に営業の仕事に就いてみると、大変なことがいろいろありました。

まず納品しているランプを装着した車のヘッドランプがよく切れるのです。先方の自動車メーカーの部長に呼び出され「どうなっているんだ？　このままでは取引は続けられないぞ」と宣告されてしまいました。しかし出荷しているランプは自社で何度テストしてもまったく問題がありません。当時、国産車はまだ黎明《れいめい》期で、小さな故障や不良はいくらでもありました。国産の新車は買わないほうがよいという声すらあった時代です。それ自動車のほうに問題があるのではないか、と感じていましたが確証はありません。それにしてもヘッドランプの球切れは事故に直結します。納めているランプに問題はありませんと胸を張っていればよいというわけにはいきませんでした。それぞれの会社が原因究明をしている間、私は交換用のランプを工場から分けてもらってそれを車に積み、名古屋のまちなかを走りました。すると今では考えられないのですが、ライトの切れている車に結構な頻度で遭遇するのです。その車を追いかけて話ができたときは、交換用の球を手渡して、これに換えてくださいとお願いしていました。原因究明中に私にできることは、これくらいしかなかったのです。

自分にできることを見極めて行動する

これには後日談があって、たまたまこうしてランプを渡した相手の車が、納品先の自動車メーカーの役員の車だったようなのです。現場では慌ただしく受け渡しただけなので分かりませんでしたが、後日、自動車メーカーの役員から私の会社の社長宛てに連絡があり「先日こんなことがあった。お宅の会社には立派な社員がいるね」という話になりました。私は社長に呼び出されて金一封をいただくことになったのですが、別にそれを期待したわけでもなく、自分にできることは何かと考え、誰に相談するでも、許可をもらうでもなく、とにかくそれを実行したことが良い結果につながりました。「今の自分にできることは?」と、リアルに見極めたことが良かったのではないかと思います。私が「誰が悪いのか」という犯人捜しをしても仕方がありません。実際に車を運転して困っている人がいるわけですから、部品メーカーの営業担当者がやるべきことは、そういった人を一人でも減らすことでした。

しかし、その後も原因究明は進展がなく、相変わらず球が切れたという話が自動車メーカーから伝わってきました。私は先方の品質管理の部長に連絡を取り、実際、夜間走行しながら機器の調査をしてみませんかと提案しました。先方も「それしかないだろう」と合意してくれ、私は部長と一緒に車に乗り込み、電圧計などの計器を持ち込んでどこに問題があるのかを、夜間、実際にライトを点《つ》けて走りながらチェックすることにしました。

テスト車を自動車メーカー側に用意してもらい市内を走り始めました。しかし30分、1時間と走っても異常はなく、ランプが切れることもありません。「何も起こらない。分からないね」と部長とため息をついていたのですが、そうしていても何も解決しません。私は高速に乗って京都のほうに走ってみませんかと提案しました。あてがあったわけではありませんが、高速で長時間走ることで新たな兆候が出てくるかもしれないと考えたのです。部長も賛成してくれたので、覚悟を決めて長距離ドライブに出ました。高速道路を1時間以上走った頃です。突然、前照灯が切れてしまいました。何があったのかとすぐに計器でチェックすると12Vであるべき電圧が16Vに上がっていました。これでは切れるはずです。高速で長時間走ると、なんらかの原因で電圧が上がってしまうことが分かりました。電気系統の回路に問題があったのです。市内を低速で走る限りは表れない不具合でした。

ランプが悪いのではないことが判明して私の会社は名誉を回復、間もなく自動車メーカー側の電気回路の設計変更も終わって、ランプ切れの問題は一件落着しました。

「うちのランプは悪くありません。こちらには何も問題はない」と突っぱねることはできたと思います。社内のテストでも問題は出ていないし、ほかのメーカーからの苦情もなかったからです。しかし、突っぱねても問題は解決しません。解決しなければならないのは、自分の会社がシロだと証明することではなく、実際に走行している車のランプが切れているという現実であり、それでドライバーが困っている、場合によっては危険な状況に陥っている、という状況そのものでした。本当に解決すべき問題は何かと見極め、それを納品先メーカーの責任者との関係を構築しながら原因究明に一緒に取り組んだところに、解決のポイントがありました。問題を解決する力は、関係者とどういう関係をつくるか、その見極めにかかっているといっていいと思います。

工場の現場の人たちと心を一つにする

しかし一難去ってまた一難でした。私が２つめの職場として選んだ自動車電気部品メーカーは、もう一つの問題を抱えていたのです。それは所定の箱に収めて出荷した商品の左右が違っているといったごく初歩的なミスが多すぎるということでした。

自動車用ですからヘッドランプもテールランプも左右があります。左側に取り付ける製品と、右側に取り付ける製品では仕様が異なります。そこで工場からの出荷時には、梱包《こんぽう》用の箱の左と印字したところに左用を、右と印字したところに右用を収めるのですが、これがしばしば間違っているというのです。納入先の自動車メーカーからは「難しいことではないはずだから、注意してくれなければ困る」と営業窓口の私が怒られました。

私自身、なんでこんな簡単なことができないのかと最初は驚き、工場の責任者にしっかりやってくれなければ困ると何度も電話で注意しました。それでも納品先からのクレームが続くので、時には工場に出向いて話し合いをしました。当時の私には「真面目にやればできること」という感覚があり、工場長とのやりとりはつい売り言葉に買い言葉になって喧嘩《けんか》腰でした。しかし言い争いをしていても問題は解決しません。

いつまでも直らないし、このままでは営業担当として顧客先からも落第の評価を受けることになります。私は工場で勤務したいと異動願を出しました。現場で実際に監督しなければダメだと思ったからです。しかし人事部は、あなたの営業手腕に期待して営業担当で入ってもらったのだからそれはできないという返事でした。確かに、当時4年制大学を出てすでに上場企業の営業マンとして4年間働いた人間が工場の製造現場で働くというケースはまずありません。どうしても工場に行きたいと粘る私に、人事部から「浜松なら工場と営業所が敷地内に並んでいるから、工場の様子を間近に知るにはいいかもしれない。浜松は営業人員も不足気味だし、行きますか？」と言われ、「ぜひ行かせてください」とこちらからもお願いしました。

物事を前に進めるのは常に人と人の関係

このとき考えていたのは、自分も工場の現場に入って、できればライン作業も経験して、そこで働いている人間とコミュニケーションをとりながら、解決策を考えたいということでした。これまでのように「ちゃんとやってくれ」「やってるよ」と言い合っても事態は解決しません。現場で一つひとつ工程を確認しながら一緒に考えれば解決策はあるはずです。

実際、浜松でラインに加わってまず驚いたのが、働いているのが中学卒業後に集団就職で地方から出てきた若者ばかりだということでした。

私は自分が来た理由をきちんと話し、何を解決したいのか、そのためにどうすればいいのかを相談したいといって、全員で箱詰めまで間違いなくできるラインの流し方を考えていきました。解決の力になるのは、「解決しよう」という意志を当事者同士がまず一致させることです。営業担当が外から「なんとかしてくれ」というのではなく、一緒に考えることが重要だと思っていました。

合間には工場長の許可をもらって休み時間にみんなで楽しむレクリエーションを考えたり、独身倶楽部をつくって休日には工場や会社の人間だけでなく近所の電機工場の女性社員を誘って一緒にハイキングに出かけたりもしました。今までこうしたイベントは一度もなかったそうで、非常に盛り上がりました。営業といえば「小うるさい存在」でしかなかったのですが、実際に私が加わることで工場としてのチームワークが良くなり、出荷品に間違いが出ないようなラインの変更や最終の出荷品のチェックの仕組みもみんなで新たに考え、その後は出荷ミスが激減しました。

問題解決のためには、問題があることを外から指摘するのではなく、中に入って何を解決しなければならないのか、目標を共有し、その方法を一緒に考えることが必要であり、それを人間関係を見極め、新たにつくりあげながら進めることが大事だということを私は改めて学びました。結局、物事を前に進めるのは人と人との関係なのです。

人はモチベーションが高ければ、良い仕事をします。同じ実力があるなら、モチベーションの高いほうが良い結果を残します。そのモチベーションを最も大きく左右するのが人間関係です。あのリーダーのために、あの同僚のために頑張ろうと一つになった組織は大きな力を発揮するからです。そういう関係をつくれるかどうか、どうすればつくれるか、その見極めが組織の力を最大化します。

この問題を解決しなければならないと感じたときにまず取り組むべきは、誰が当事者であり、その結束をいかに高めるか、その見極めです。

信頼を得るために必要なことは何か

私は自動車部品メーカーの営業マンとして、ずっと勤めるつもりでした。状況が変わったのは見合いをして結婚することになったからです。それが新しい人生を拓き、現在に至る経営者としての歩みにつながりました。それは私の人生の大部分を占めることになりましたが、その時間も人間関係を見極め、事業戦略を見極め、時間を見極めながらさまざまな挑戦を重ねる時間になりました。

自動車部品メーカーで４年目を迎えた頃、先に紹介した十数回目のお見合いをさせられ、もう身を固めてくれという母親の涙ながらの説得に折れて私は29歳で結婚しました。ちょうどその頃、勤めていた自動車部品メーカーから、海外駐在の話が出ていました。しかし私は英語が苦手です。高校時代に日本史の先生に恵まれ、日本史が好きになってそればかり勉強していたことも影響しているかもしれません。母親は子どもに向かってこれからは英語の勉強をしっかりやらなければいけないと口うるさく言い、兄たちはその教えを守っていつの間にか流暢《りゅうちょう》な英語をしゃべるようになっていましたが、私はダメでした。社会人になって以来、コミュニケーションの大切さを痛感してきた自分が、思いのままにコミュニケーションがとれないことが分かっているのに、海外で仕事をするというのは無理でした。

ちょうどそのときに結婚して義父となった人から、自分の会社に来ないか、と声がかかったのです。義父の息子、つまり私の義理の弟ということになりますが、彼は家業を離れて医学の道に進み、すでに若手医師として活躍していました。義父は、自分が創業した会社の後継者がいないという状況でした。そこに私という人間が娘婿として現れたので、いずれはという含みもあって声をかけてみたということだと思います。

私は1年間の猶予がもらえるなら入社しますと返事をしました。1年間というのは、私は同じ岐阜でも滋賀県寄りの大垣に近い揖斐《いび》郡の生まれで、岐阜市のことはまったく知りません。会社は岐阜市を拠点として地域密着で産業用ガスなどの事業をしていると聞いていたので、地元でもある岐阜市をじっくりと見てみたいと思っていたのです。どんなまちで、どんな企業があるのか、自社の事業の環境としてどうなのか、まずつぶさに知りたいと思いました。

会社の業務内容を含めて、どうせ何も分からないのだからすぐに飛び込んで働き始めるという選択肢もあったかもしれません。むしろ、そうする人が多いと思います。しかし私は準備のない挑戦にはいつも懐疑的でした。何を始めるにせよ、まず自分の目で見る、肌で感じる、知らないことは学び、自分の頭で考えるということが必要だと感じていました。いきなり飛び込んでも、得るものは少ないのです。まして義父の会社に入るということは、生涯の仕事にするということです。いろいろなことを自分なりに見極める時間が欲しいと思いました。また、そういう人間であるということをあらかじめ義父に知ってもらうことも今後の長い付き合いを考えれば、意味があると思っていました。

それで構わないという返事をもらったので、私は29歳で３つめの会社となる義父の会社に入りました。約束どおり、１年間は岐阜のまちを車で走り、中心街や工場街、住宅地などを見て回りました。特に工場街は、どんな会社が何をつくっているのか、自分の会社の事業にも絡んできます。じっくりと見て歩きました。１年が過ぎる頃には、自分の頭の中に岐阜市内の詳細な地図が出来上がっていました。

創業社長である義父との関係をどう築いていくか、対人関係の見極めという点では、証券会社、自動車部品会社に続く３つめの試練の場となりました。

苦労して一代で会社を築いた人です。従業員は全部で10人にも満たない本当に小さな会社ですが、自分がお山の大将で、ほかの社員は黙って言うとおりにしてくれればいい、という全権の保持者でした。「私が憲法」という存在です。

これは何を言ってもうるさがられるだけだと思いました。私は娘婿ですから創業社長にとっては自分の子どものようなもので、しかも業界に関する知識はゼロです。私の発言にはなんの重みも感じないはずです。就業規則はなく、業務の報告や振り返りもないので、私は少しずつでも会社経営にルールやけじめを持たせたかったのですが、これはいずれはやることでも、今の義父と私の関係では無理だと思いました。私はしばらくは聞き役に徹することにしました。これも私流の見極めです。長い取り組みになるはずの義父からの事業承継という挑戦に焦りは禁物です。まずは丁寧に人間関係をつくることが最優先事項だと考えていました。

聞き役に徹してフリーハンドを得る

以前からの従業員が、突然落下傘で降りてきたような「娘婿」に好感が持てないであろうことは自明です。私はとにかく一人前と認めてもらえるように、従業員の主な仕事である産業用ガスのボンベの配送を一人でできるようにしようと思いました。ボンベはとても一人で持ち上げられるものではありませんが、リフトはありません。先輩従業員のやり方に倣い、ボンベを少し斜めにして体で支えながら底を支点に回転させて移動させます。見ていると簡単そうですが、斜めにする角度などが難しく、コツを覚えるまでには相当苦労しました。

創業社長の聞き役もなかなか大変でした。義父はお酒が好きで毎日の晩酌を楽しみにしていました。夜遅く11時、12時までその相手をさせられましたが、私はお酒をまったく飲まないので、長時間になるのは苦痛でした。娘、つまり私の妻が「明日もあるから、今晩はこれくらいにしましょう」と区切りを付けるまで、義父の話は毎晩、延々と続きました。

しかし、私はただ我慢していたわけではありません。素直な聞き役である私は、義父からの信頼を少しずつ高め、間もなく、営業については「好きなようにやればいい」というフリーハンドを得ることに成功しました。実はそれが聞き役に徹した私の狙いでもあります。私は当時の会社の事業の進め方では金輪際、成長はないと見ていたので、この会社を継ぐなら自分で新たな顧客開拓をしなければと思っていました。

もともと会社は復員してきた義父が何か仕事をしなければと、金属のブローカーを始めたことがスタートです。空襲で焼け野原になった土地から金属を掘り出して持ってくる人がいればそれを買って溶融している業者に売っていました。それからは住宅建設がブームになったので、セメント瓦を扱うようになり、さらに鋳物、ガラスなどを扱っていました。私が入る少し前からアセチレンガスや酸素などの産業用ガスを扱うようになっていました。義父はもともとが工業高校の化学の出身なので、その方面には明るいのです。従業員が4人、5人という地元の小さな町工場を相手に、産業用ガスの卸事業を始めたところでした。アセチレンガスは溶接に欠かせませんし、酸素は燃焼の温度を上げるのに必要です。あくまでも卸であり、専門商社ですから、ガスそのものを製造するわけではありません。ガスのメーカーでボンベにガスを充填し、それを工場などのガスの利用先に届けるというのが主な業務です。もちろん品切れになってはいけませんから一定数のボンベを常に備蓄しています。セメント瓦やガラスの扱いは、それ自身がすでに伝統的な材料なので、これから市場が急速に拡大するということは考えられませんが、産業用ガスはこれからもアイデア次第でいろいろな使い方が考えられます。義父は現状で満足していたようですが、私は拡大していくはずの市場の波に乗って新たな市場開拓を進めなければ、早晩価格競争が激化して負けると見ていました。

急速な市場拡大が期待できる産業用ガス

実際、産業用ガスは戦後の高度経済成長のピークを過ぎた日本のものづくりが次のステージに進むために、欠かせないものになっていました。製造ラインの高性能化や効率化、温室効果ガスの排出抑制、食品の従来以上の鮮度保持などに産業用ガスを利用した新技術が続々と開発されていたからです。

代表的な産業用ガスは、酸素、窒素、アルゴン、炭酸ガス、水素、ヘリウムなどです。鉄鋼、化学、ガラス、エレクトロニクス、造船、自動車、製紙、エネルギー、食品・飲料、航空・宇宙、農業・バイオ、医療・生活など、現代社会を支える産業界のあらゆるシーンで使われています。

こうしてみると、産業用ガスと縁がないという業界を見つけるのが難しいほど市場が広がっていることが分かります。

こちらの提案次第で、地方の小規模な工場でもさまざまな使い道がありそうです。私は新規開拓に力を入れ今よりもっと大きな販売先を探し、ボンベを１本、２本と届けるのではなく、大量の供給をして事業を大きくしたいと考えていました。

産業用ガスの工場への供給は、供給量によってスタイルが分かれます。

まちの工場で一般的なのはガスボンベ（業界ではシリンダーとも呼ばれます）による供給です。流通しているガスボンベの多くは47L容器（通称7㎥容器）で、一本一本をトラックで配送するもので、工業用や商業用から大学などでの研究用まで、さまざまな用途への少量供給を行うものです。特に金属加工や建設、鉄骨、橋梁、造船などの現場で溶接を中心によく用いられるスタイルです。供給の中核拠点となるのは「充填所」と呼ばれる施設です。工場で生産した液化ガスが液化ガスタンクローリーによって充填所まで輸送され、CEタンク（コールドエバポレータタンク：液化ガスを貯蔵する大型タンク）に納入されます。そして、これをガスボンベや液化ガス容器に1本ずつ小分けして、トラックに搭載して工場などの利用現場に運送します。私の会社が基本的に行っているのが、この販売代理店事業です。自社で充填所とストックヤードを所有し、トラックによる配送体制を整えています。充填所を建設して所有し、ガスを詰めるボンベと配送用のトラックとドライバーを確保し、顧客からの注文を受け付ける体制をつくってい

充填済みのガスボンベのストックヤード

ます。さらにボンベは高圧でガスを充填するものなので安全管理義務があり、一本一本識別できる登録番号を刻印したうえで、動きを追跡する必要があります。これらが販売店としての私の会社の業務です。

産業用のガス供給は、ひとつの現場への供給量が多くなると、ガスボンベでは間に合いません。その場合は顧客の工場内にCEタンクを設置して液化ガスをタンクローリーで納入し、併設された蒸発器で気化して工場内の使用場所までパイプラインで供給するという方法を採用します。充填所の機能を、顧客の工場内につくってしまうということです。こうしておけば、ボンベの頻繁な交換の手間がなく、工場側としてもガスが不足して慌ててボンベの配送を依頼するといったことをする

工場内に設置されたCEタンク

必要もありません。

このCEタンク設置による供給になると、私の会社は直接ガスを搬入するということがなくなります。CEタンクに液化ガスを充填する作業は、メーカーがタンクローリーで直接行うからです。私の会社は、供給方法の提案（CEタンクとパイプラインの具体的な設置方法の提案）をガスメーカーと一緒に行うところまでで仕事が終わります。供給システムを設計し施工するのは、稼働後のメンテナンスを含めてメーカー側の仕事になります。ガスの供給は販売代理店としての私の会社経由ですが、私の会社が実際にタンクローリーを手配して輸送するわけではありません。販売店の仕事は、CEタンクとパイプラインの設置の提案で終わり、あとはガスを流通させるだけなので、非常に効率のよい業務になります。電話で工場からの注文を受け、それをメーカーにつないで、タンクローリーを手配してもらえばいいのです。机の前に座ったままできる仕事です。しかも販売価格は自由に決めることができます。

ボンベの配送は人手が必要でしかも重労働です。輸送中の車の事故の懸念もあります。私は大口のCEタンクでの販売を増やしたいと思っていました。

産業用ガスをさらに大量に使うような大工場では「オンサイト供給」というスタイルがとられます。これは顧客の工場敷地内に製造装置を設けてその場でガスを生産し使用現場までパイプラインでガスを直送するもので、常に大量のガスを必要とする鉄鋼、エレクトロニクス、化学などの産業分野に適したスタイルです。現場に小規模のガス生産工場を設けるようなものですから、ここまで規模が大きくなると、私の会社のような町の販売店が関与することはありません。

顧客先にCEタンクを建てることが私の大きな目標になりました。一本一本ボンベを運ぶ先を多少増やしても、会社の安定や大きな発展にはつながりません。そのためには今まで会社がやったことのない新規開拓が必要です。産業用ガスの新たな活用方法を提案し、採用を決断してもらうことです。いまさらガスを使うのが当たり前の溶接現場を回っても、新たな注文は得られません。

入社以来、私は素直な聞き役に徹したことで、新規の営業活動を進めるためのフリーハンドを得ることができました。会社をこう変えましょうという話は――変えなければならないところは山のようにあったのですが――義父を不安にしたり不快にしたりするだけだと思ったので、持ち出したことがありません。今話をしても、「来たばかりのお前に何が分かる。黙っていろ」となるのがオチです。義父はこれまで誰とも会社経営の話などしたことはありませんでした。ましてや義理の息子とまともに話し合うわけはありません。義父は義父、私は私で、それぞれやっていけばいいと思っていたので、たまたま会社の話になっても私はただ聞き役に徹していました。それが入社時点の私の義父との関係づくりの見極めでした。

信任を得るためのアドバイス

もう一つ、私が義父との関係づくりで意識したのは、この男なら任せて大丈夫だという信任を、普段の活動のなかで少しずつつくりあげることでした。

それには大口の新規開拓に成功することがいちばんで、もちろんそれは進めていましたが、義父を悩ませた取引先の倒産事件のときには、私は意識的に一歩前に出て義父に進言をしました。それまで経営に関することに口を出したことはなく、意識して戒めてきたのですが、このときばかりはそれが義父の私への認識を変え、新たな関係を築くきっかけになると考えました。義父との関係づくりはここが一つのターニングポイントになると思ったのです。

それはまだ私が入社してから3年になるかならないかというときのことでした。ある販売先の経営が厳しいという噂が耳に入っていました。私の会社にも先方が振り出した手形があります。額面は総額で４０００万円ほどで、会社にとっては大きな金額です。危ないという話を裏付けるように、先方からジャンプ（決済日の先送り）の相談も来ていました。義父は根が優しい人ですから「いいよ」と返事をして、それ以上、先方の経営状況を調べることもしませんでした。その後も「あの会社は危ない」という話はいろいろなところから聞こえていたのですが、義父は大して気にする様子もなく、手形の決済日はちょうど海外旅行の予定があって、そのまま出かけてしまいました。

ところが不安は的中しました。手形は不渡りになり、間もなくその会社は２回目の不渡りを出して倒産してしまったのです。さすがに義父の表情にも動揺が表れました。零細企業にとって４０００万円の焦げ付きは大打撃です。しばらくすると管財人だという人から、債権者会議の案内がありました。義父は少しでも回収したいと意気込み、証券の世界にいた私はそういうことにも詳しいだろうと、どのくらい期待できるのかと聞いてきました。相手の資産の状況にもよりますが、普通に考えれば戻っても10％かそれ以下です。まずは滞納している税金関係、そして従業員の給与、取引銀行などが優先ですから、ほとんど戻らないこともあると伝えました。そして私はそれに付け加えて「この債権は放棄しましょう」と進言したのです。義父はそんなに簡単に諦めきれるか、と納得しませんでしたが私はこう言いました。

「おそらく先方は住まいをはじめ何もかも差し押さえられて大変な状況でしょう。返せと詰め寄るのは気分のいいものでもありません。いずれにしてもほとんど返ってこないし、売掛金として帳簿上に残れば、手元に現金がないのに決算上は利益が出ていることになってしまいます。またいつまでも売掛金として計上すれば不良債権を抱え込んだ経営になっているとみられて会社の評価が下がります。４０００万円くらいなら1年あれば私が稼いできますから、ここは債権放棄して損金処理をして終わりにしましょう」

義父は思い切った提案に驚いたようでしたが、「それくらいは稼いでくる」という言葉が響いたのか、「じゃあそうしよう」と納得しました。

その後、義父の私を見る目は明らかに変わりました。なかなかいい度胸をしていると感じたのか、営業で勝算がありそうだという雰囲気が伝わったのか、自由にやらせてみようというところから、この男はなかなかできる、経営は任せてもいいだろうという認識に変わったようです。債権放棄を正式に表明したあとで、管財人がわざわざ会社を訪ねてきたことも、私の評価を後押ししました。管財人は、きっぱり債権放棄をした会社がどういう会社なのか興味があった、これほど小さな会社とは思っていなかったが立派な会社だと話して帰っていったのです。義父は褒められてうれしかったようです。

それこそが私の狙いであり、そういう結果が得られると見極めたからこそ、初めて経営に口を挟むということをしました。作戦は成功でした。義父は好きなゴルフにさらに打ち込むようになり、一方で私は、営業マンとしてのフリーハンドだけでなく、事実上、会社の経営全体を見る立場を手に入れました。

経営者としての師をもつこと

会社の経営のことを考えるようになり、この会社をどうやって大きくしていくのかと考えたときに、私は自分が会社経営ということについて何も学んだことがない、ということを痛感していました。産業用ガスの営業で新たな顧客開拓をする自信はありましたが、会社という組織をいかにつくり運営していくのか、従業員をいかに育てていくのか、リーダーとしてどう振る舞えばいいのかということについては考えたこともなかったのです。

松下幸之助さんや稲盛和夫さんの経営哲学を本で読んだり、孔子や論語を改めてひもといたりしながら、共感することをノートに書き出し、また会社のここは変えていかなければということを毎日メモにしていきました。また私には、経営の師であり、人生の師といえる人との出会いがあり、その人からも直接いろいろと学びました。もともと岐阜の人で、先代社長が岐阜で小さな町工場を創業し、私の義父もすぐ近所で営業所のようなものを構えていましたから、創業者の二人は夜になるとお酒を飲んだり話し込んだりして交流があったようです。２代目社長は18歳で後を継ぎ、そこから文字どおり挑戦に挑戦を重ねて、事実上一代で会社を世界的な企業に押し上げました。私とほぼ同世代で、正確には私が４つ年下ですが、同郷の２代目同士ということで親しく付き合うようになり、ごくわずかながら取引もありました。

しかし、挑戦の仕方やその熱量の高さ、ＩＴへの積極的な投資、「計画と実行はコインの裏表。計画したら実行する、実行のためには綿密な計画がいる」という哲学にも大いに惹かれるものがあり、あるとき、仕事上の付き合いではなく弟子入りさせてくださいと頼み込みました。仕事上の関係を続けていると、もっと注文が欲しいとか、切られたら大変だといった雑念が入り、素直に話が聞けず、こちらの意見も言えないからです。それではせっかく出会っても十分な学びを得ることができません。幸い彼も受け入れてくれ「アポイントなしで私が会うのはあなただけ」と言ってもらっていました。

師と仰ぐ人を見つけ、仕事を離れて腹蔵なく話せる関係をつくることは、人に対する見極め力を養ううえで大切です。従業員との関係のつくり方や指導の仕方、得意先との付き合い方、自分自身との向き合い方など、人を見極めるうえで大切なことを学ぶことができます。残念ながら私の師は２０２３年に亡くなりましたが、実際私は本当に多くのことを学びました。

　挑戦を成功させるためには、特に対人関係のなかで見極め力を発揮し、人を仲間に引き入れたり、経営陣を説得したり、対抗勢力が現れないようにしながら、計画的に進むことが必要ですが、そうした力はただ腕組みをして考えるだけでは出てきません。必要なのは数多くの経験です。その点、一人で経験できることは限界があり、だからこそ経験豊かな師を持つことが重要です。「こんなことがあってね」という話を聞くことは自分の体験の幅を広げることにつながり、対人関係における見極め力を鍛えてくれます。

　実際、私もいろいろな話を聞きました。

「中国で初めて建設する工場の計画を出したことがあるんだ。ところが岐阜本社の幹部全員が反対に回った。80億円という投資額が巨額だったからね。日本での投資額に比べれば10倍くらいになる。でも、彼らは投資額の大きさだけを見て、それがもたらす将来の収入の大きさを見ようとしないんだ。売上だけじゃない。それだけの工場を構えたときの宣伝効果は計り知れない。まだ自分たちが取引することができていない世界のメジャー企業が注目してくれるかもしれないんだからね。経営者の選択肢は、前進するか、とどまるか、退却するかのどれかしかない。従業員や家族のことがあるから絶対に潰すことはできないけれど、僕は前進するという選択を続けていきたい。リスクを恐れず前に出るから、新しい景色も見えてくるんだからね」

このようななるほどと思う話をたくさん聞かせてもらいました。私とほぼ同世代ですから、ＩＴは苦手でも不思議ではないのですが、この対応も非常に早く、巧みに使いこなしていました。工場の稼働状態は大規模に導入したカメラを使ってリアルタイムで掌握し、会議システムも早くから導入しています。「出社しなくても社長業がすべてできるようになった。会社の往復に使っていた時間が浮くから、それを活かせば今までできなかったことができるようになるんだ」と笑って話してくれました。

つくりあげた私なりのリーダー像

師と呼べる人との出会いにも恵まれ、私は対人関係の見極めがきちんとできることこそ、挑戦を成功させる大きなポイントであると考え、親兄弟や仕事の同僚、顧客や上司、さらには経営者との関係づくりを進めました。

そのなかで常に考えていたのは、人を動かすリーダーとしての資質とはなんであり、それをいかに身につけるかということでした。挑戦をするためには自分を支えてくれる人の力が必要です。人の共感を得て、この人の力になろうと思ってもらえなければ、どんな挑戦も力を持ちません。

私は高校生のときに日本史が大好きになりました。岐阜は織田信長や斎藤道三にゆかりのある土地でもあり、群雄割拠の戦国時代の個性際立つ武将の行動や言葉に多くを学び、それをノートに書きためていました。対人関係というのは周りの人によってつくられるものではなく、自分の関わりによって生まれ、つくられるものだと思います。「人を変えたければ、まず自分が変われ」とはよくいわれることです。それは別に、相手に合わせろという意味ではありません。自分の関わり方ひとつで相手の態度は変わる、人間関係というのは関係のなかで流動しながら創造されていくもので、決して固定的なものではない、ということです。私がどういうリーダーであるかによって相手は変わるのです。

戦国大名には知れば知るほど知将がたくさんいて、名言もまた多くありました。学生の身分を離れ、実際に社会人としてさまざまな組織に所属し、人に出会うと、その意味をより深く理解することができます。

対人関係の見極めというのは、私が関わる人を外から観察することではありません。

私がどうあるのかによって人は変わり、それによってつくられる関係を見極めることです。私自身が見えていなければ、対人関係は見えてきません。

秀吉に仕え「肥後の虎」と異名を取った加藤清正の言葉に「上一人の心、下万人に通ず」というものがあります。上に立つ者の心の中、その気持ちのありようは、下にいるすべての人間に影響を及ぼすということです。下に付く者は、リーダーの様子をよく見ています。わずかな表情の変化、言葉の選び方によっても、動揺や油断、過信などリーダーの心の動きを察知します。別に、リーダーは表情を変えてはいけない、外面を取り繕え、というテクニックの話ではありません。ここでも人間関係は双方向であり、心のありようは常に流動的で、お互いの関係のなかでつくられていくものだということです。

自分を隠したり権威をかさに着たりするのではなく、どのようにすればそのときに必要とされる組織がつくれるのか、リーダーはそれに心を砕かなければならないということです。黒田官兵衛も、その地位を利用して下を抑え込もうとするリーダーは害にしかならないとたびたび語っています。双方向でつくりあげることが必要です。

ただし、進むべき大きな方向性について決断が迫られているときには、リーダーは一人できっぱりと決断すべきであることも、多くの武将が語っています。

例えば奥州伊達家の武将、伊達政宗は日頃から「大事の義は人に談合せず、一心に究めたるがよし」と語っていたといわれます。熟考し、自らの責任を賭して決断するのもリーダーの役割だからです。「長く思案し、遅く決断する。思案を尽くしたものであれば、あと戻りの必要はない」——これも知将といわれた毛利元就の三男、小早川隆景の言葉として伝わっています。

あらゆる要素を頭に入れ、熟考する。まわりの意見は丁寧に聞くが決断は一人でする。そしていったん決断したら貫く、というのがリーダーに求められることではないかと思ってきました。そういうリーダーへと自分を成長させることが私の目標でした。

どのような挑戦も、ただ独りよがりで突っ走るだけでは成功しません。相手を見極め、周囲を見極め、そして自分を見極め、誰が自分の師であるかを見極めながら、それを通して丁寧に人間関係を築き、有能な組織をつくることが必要です。挑戦の成否は、どういう組織をつくるのかにかかっています。人を見極める力、人に慕われるリーダーとしての力が必要です。それがあれば、成功を招き寄せることができます。

第4章

業務改善提案、組織改革、業界全体の課題解決――

周囲の反応にふりまわされず、全体の流れを見極める

状況を見極め、戦略を立てて挑めば勝てる

挑戦を成功させるために重要なことの一つが対人関係の見極めでした。それと同時に状況に応じた的確な戦略の見極めも欠かせません。いくら良い人間関係やチーム、組織ができても、彼らを動かすための戦略が未熟では挑戦の成功は見込めません。

戦略の見極めは、古くは戦国時代から成功のための重要な要素でした。

黒田官兵衛の名前は多くの人が知っています。信長、秀吉、家康の3人がそろって重用したことでも、その評価の高さが分かります。

播磨《はりま》国を出自とする黒田官兵衛は西の毛利輝元、東の織田信長に挟まれ、いずれに付くかという判断を強いられますが、官兵衛は信長に従います。すると間もなく毛利一門の乃美宗勝の兵5000が官兵衛の籠もる姫路城を攻めようと播磨の英賀《あが》の浦に上陸しました。官兵衛の兵力は10分の1の500にすぎません。まともに戦えば敗北必至です。

そこで官兵衛は策を講じます。近隣の農民を動員して自軍の旗や幟《のぼり》を持たせたうえで城の背後の山に潜ませ、500の兵を率いて先制攻撃をかけたのです。上陸して間もな

く、まだ戦の準備も整わない乃美の兵は奇襲に驚きながらも、必死に態勢を立て直し圧倒的な数の優位を頼んで反撃に出ようとしたのですが、まさにそのとき、山に潜んでいた農民が一斉に旗や幟を立て、鬨《とき》の声を上げたのです。乃美軍は本隊が大軍で攻め降りてくると錯覚、算を乱して退却していきました。劣勢の官兵衛の軍が戦わずに勝利を収めたのです。官兵衛の見事な作戦勝ちでした。

さらにその5年後、秀吉は毛利軍に決戦を挑むため、宇喜多氏の兵と合わせて3万の大軍勢で、備中高松城に進軍します。ところがこの城は湿地帯に位置する「沼城」であったことから、馬も兵も足を取られて進撃ができません。攻めあぐねている間に背後から毛利の援軍も到着しようとしていました。秀吉は参謀の官兵衛と軍議、官兵衛は「水攻め」を進言しました。湿地で攻めにくいというなら、さらにそこに水を引いて孤立させれば、援軍も城内には入れず、城内の数千の軍勢を兵糧攻めにすることができる、というのです。

秀吉は直ちにその作戦を採用、近くを流れる川から新たに水路を分岐させることにして10日余りで工事を終え、水を引き、水の中に城を孤立させました。頑強な守備軍もこの水攻めには抵抗するすべもなく、間もなく降伏し秀吉は勝利を収めました。これも黒田官兵衛の巧みな戦略によるものでした。

彼我の戦力の比較だけではなく、心理や疲労具合、士気の高さや敵将の性格も知り、地形や天候を読み、周辺の農民の状況を知り、そのすべてを理解したうえでその時にふさわしい戦略を導いたのが官兵衛です。

もちろん現代のビジネスの世界に、官兵衛の戦略がそのまま使えるというわけではありませんが、彼我の戦力を見極め、相手の弱点を見抜き、装備や兵力、戦術という単なる軍事にとらわれない柔軟な戦略を立案してそれを実行に移した官兵衛は、リーダーとして極めて優れた人だったと思います。状況を見極め戦略的に考えるということは、ビジネスの世界で挑戦を成功させるための重要な取り組みです。

何が必要とされているのか、ニーズを見極める

私は義父の会社に入社後、営業の一匹狼として新規顧客の開拓を目標に据えました。それなしには会社の成長はありません。ボンベを1本、2本と供給しても業績は伸びないし、また私の立場も強化されないからです。

溶接をしているところにアセチレンガスや酸素、アルゴンガスを売るということはすでに各社がやっています。市場は成熟していて、新たに販路を拓くことはできません。また業界の不文律で、すでに一社が供給していたら、他社が横から入ってはいけないということになっていました。それを認めたら、低価格でガスを提供できる体力自慢の会社だけが生き延び、ほかの会社は潰れざるを得ないからです。

営業の新規開拓は、新しいガスの使い方を提案する以外にはありませんでした。どの業界のどういう工程でどういうガスが役に立つのか、それを自分で考えるということです。

私はまずボンベの配送をしながら、単に納品をするだけではなく、どういう工程に、何のために使っているのかを雑談のついでに聞いてみるようにしました。ほとんどのディーラーの配送員は、客先からいつものガスを持ってきてくれと注文が入って、ただ届けるだけで帰ります。しかしそれでは発見は何もありません。ちょっとした立ち話でも聞いてみると、現場の人は技術を自慢したい気持ちもあるので、こちらが思った以上に話してくれます。そうした話をあちこちで聞くと、困っていることや、悩みながら解決したことなど、非常にいいヒントが得られます。それをつなぎ合わせれば、新規の会社に提案ができるのです。

熱を使う、冷やす、酸化を防ぐというニーズを追いかける

特に私が注目していたのは、熱を使うところ、冷却工程があるところ、酸化による変質や劣化を気にしているところでした。これらの工程には必ず産業用ガスの需要があります。実際、こんな話が出てきたことがあります。

「実は材料を練るとどうしても熱が発生してしまう。温度が上がると後工程に影響が出るので冷やしたいが、水を使うわけにもいかないし……」というのです。私はすぐに「ドライアイスを使えばいいんじゃないですか」と勧めました。

「ドライアイス？　どうやって使うの？」

「ドライアイスというと固形で冷却用のものを想像されると思いますが、スノー状のものがあります。マイナス80℃くらいですから強力な冷却剤になります。雪みたいなものなので、簡単に材料に混ぜることができるんです。これを混ぜ込んだ状態で練れば温度は上がりませんし、気化して消えてしまいますから影響も出ません」

「そんなことができるの？」

「できます。炭酸ガスボンベがあれば簡単に現地製造できますから、必要なときに必要な量だけつくれます。試してみますか？」

「うん、ぜひやってみたい」

酸素や窒素、炭酸ガス、水素、ヘリウムなどは誰でも知っているガスですが、産業用の用途はあまり知られていませんし、日進月歩で次々と新しい使い方が生まれています。「そんなことができるんだ」と感心されるようなことはいくらでもあるのです。こちらの勉強次第です。

酸素があると酸化して劣化することは誰でも知っています。実際、酸化で困っている産業はたくさんあり、そこでは窒素などの不活性ガスが役に立ちます。窒素そのものは無色で無味無臭、不燃性で火も点きません。高温状態では酸素と反応しますが、常温では無反応です。酸素以外の物質とも反応しません。この性質が非常に魅力的なのです。熱処理に使ってガスを炉内に充填すれば保護ガスとなって、金属表面を酸化から防ぎ、光沢感のある仕上がりになります。

また窒素は大気中では酸素とともに存在しているありふれた無害のガスで、しかも酸素と混ざりませんから、密封された容器に充填すると酸素を追い出すことができるのです。酸化防止剤の代わりに食品包装の中に窒素を封入すれば、食品の香りや味を変えることなく鮮度を維持することが可能です。製薬でも、例えばアンプルに薬を入れるときに、どうしても酸素が一緒に入ってしまいます。酸素は分子が小さいのでわずかな隙間でも入り込んでしまうのです。わずかな酸素も許されないという状況では窒素が活躍します。同じことは薬品だけでなく最先端の半導体やエレクトロニクスの生産場面でも、いかに酸素を除去するかが品質確保のために必要になり、窒素ガスが活躍します。

そんな使い方があるんだ、という気づきさえ生み出すことができれば、

「興味ありますか?」

「ある、ある。ぜひ検討したい」

「じゃあ今度、ガスメーカーの技術者を連れてきます」

「ぜひお願いするよ」

ということになります。

アンモニアを分解して窒素や水素を入手している工場に対して、単体の窒素と水素への切り替えを提案したことも少なくありません。アンモニアの分解は手間がかかるだけでなく、未分解のアンモニアが残ります。また、アンモニアは人体に有毒でガスは爆発

の危険性もあるため厳重な安全管理が必要で、その点でも、窒素と水素を単体で入手したほうが手間がかからないのです。アンモニアからの切り替えも数多くの工場で実現しました。

工場の生産工程は、特に地方の中小の工場では「うちは昔からこのやり方」と、あまり吟味もされないまま継続されている場合が少なくありません。特に画期的な製造技術が話題になっているということでもなければ、ほぼ従来どおり継続されます。生産工程だけを見て、その変更を検討するような社内部署ももっていません。そのため、外部から「こういう考え方、やり方もあります」と提案すると、新鮮に受け止められることが少なくないのです。あとは切り替えのコストやランニングコスト、安全性、管理の手間などを、従来のものと丁寧に比較し、実地テストで性能を示せば切り替えは難しくありません。

詳細な提案はガスメーカーの技術者の仕事です。メーカーにつなぐところまでが私の会社の仕事であり、逆にこれはガスのメーカーにはできません。どこで誰がどんなことで困っているかということまでは、メーカーは細かく把握することができないからです。商社や販売代理店として現場に入り込んでいるからこそつかめることです。

商社の役割は原料メーカーと工場をつなぐこと

メーカーを入れた細部の検討になったら私は横にいるだけです。しかし、最初のきっかけをつくった案内人である私がいることで、先方は安心します。メーカーの技術者と一対一では、特に専門的なことに話が及んだときなど、コミュニケーションがうまくとれません。その様子が見えたら私が間に入ります。私は提案をする「水先案内人」であり、打ち合わせを円滑なものにする「通訳」であると思っています。それが商社の仕事であり、私がやらなければいけない「提案型営業」だと考えていました。BtoBでガスメーカーと工場などの生産現場に入る者の役割はそこにあります。

「こんにちは、ガスはいりませんか」では営業になりません。現場の困り事の解決を提案できるかどうかです。そのためには、生産の現場を徹底して見極めることが必要です。「この人はうちのことを分かっている。ガスを使った面白い提案をしてくれる」と思ってもらえれば、やがて先方から「こういうことで困っているが、ガスで解決する方法はある?」という問い合わせが来ます。単なるボンベの配送業者に問い合わせは来ません。

私が産業用のガスを商材に一人で営業に出始めた１９７０年代は、もちろんインターネットもホームページもありませんが、「○○熱処理工業」とか「○○金属加工」「○○食品製造」といったシンプルな会社名が多く、それを見れば何をしてるのかが大体分かりました。私の営業エリアは岐阜県内が中心で、決して広くはありません。社名を頼りに近所に行ってみて、工場の様子を観察しました。どんな工程で何をしているのか、ガスを使っているとすれば、何をどれくらい使っているのか、少し離れた高台から双眼鏡でのぞいたこともあります。敷地内に何が置いてあるかを見れば、その工場で何をつくっているかは想像がつきます。

新しい工業団地ができるときは、事前にどういう会社が進出するのか調べました。古くからの工業団地はもう出入りのガス会社は決まっていますから、そこに入り込むわけにはいきません。新たに進出してくる企業が何をつくっているのかが分かれば、使う可能性のあるガスが分かります。あとはどうやって会うかです。出入りしている業者や取引先の銀行の紹介、経営者の人脈をたどるという方法もあります。

まず丁寧に観察する

しかし、営業すべき相手が見つかったと思って闇雲に突進しても挑戦は成功しません。必要なのは戦略です。そして戦略を立てるための観察力です。とりあえず売上が欲しいというスタンスでは挑戦は成功しません。幸い私が入った義父の会社は、零細といっていい小さな商社ですが、借金はなく、すぐに経営が心配になるようなことはありませんでした。もちろん、このままでは先は見えないと思いましたが、かといって慌てて何かをしなければならないという状況でもないので、私は一人で腰を落ち着けて営業に取り組むことができました。

そのときに必要になる観察力と大きな戦略を立てる力を、実は私は水墨画で学んでいます。始めたきっかけは同窓会で会った友人に勧められたことです。別に観察力や戦略的な思考を学ぶために始めたわけではありません。もともと好奇心が強く、新しいことを学ぶのが好きで、しかも水墨画は1時間か2時間あれば完成します。油絵などと違って空き時間に手軽に取り組めるというのも始めた理由でした。

習い始めてよく言われたのは、書こうとするものをよく見ろということです。「ちゃんと見たのか」とたびたび指摘されました。今は写真という便利なものがあって、しかもそれはスマホの重要な機能になり、誰もが常に持っている状態です。今は多くの人が、何かを見て心が動いたら、とりあえず写真に収めます。ところが写真を撮るということが見たつもりにさせるので、ものをきちんと見るということがおろそかになっています。「目に焼き付ける」という言葉がありますが、もはや死語かもしれません。写真を撮ったら、それで見たことになって、見ることは終わってしまうのです。私は水墨画を始めて、いかに見ることがいい加減になっているか、見たつもりになっているだけで実際には見ていないかということを知りました。しっかり見るためには時間も必要です。

最近手にしたある本で知ったのですが、アメリカの超一流といわれる大学の美術の授業では、美術館に行って自分が興味を持った作品を一点選び、その前に椅子を置いて3時間過ごすことが求められるのだそうです。もちろんスマホなどの情報機器を所持していることは許されません。この授業を受ける学生は、はじめは苦痛を感じるに違いありませんが――何しろ3時間、黙って向き合い続けなければいけないのですから――多分その作品の見えていなかった細部が徐々に見え始めると思います。例えばそれが肖像画なら、左右の目の視線が合っていないぞとか、この目は悲しんでいるのではなく、何かを達観している目ではないかとか、顎の線と背景の壁の模様の線が一緒だとか……3時間後には最初の印象とはまったく違う絵になっているはずです。見続けなければ気づけません。

私も水墨画を習い始めて、ものを見ることの大切さを学ぶうちに、一枚の絵を見たとき、それが実際の景色やものを見て描いたものか、写真を見てそのとおりに描いたものか、見分けがつくようになりました。先生も「自分の想像力で描くのが絵であり、写真とは違う、写真にはすべてが取り込まれてしまうが、絵は見た人間がいらないと思ったものは省略できる、そこに面白さも奥深さもある」と言っていました。

絵を学んだこと、特に水墨画のような、あらかじめ考えをまとめて、あとは一気呵成《いっきかせい》に描くというタイプの絵を学んだことが、私の見極め力を鍛えてくれました。自分の目でしっかり見るということは、ただ漫然と眺めることとはまったく異なるものです。

観察力が鍛えられると、短い時間でも見たものを脳の中にとどめることができるようになります。これは私のような仕事をしているものには大切な能力でした。というのも、一般に工場内は部外者が気軽に入れるようなところではありません。安全の問題もありますし、どういう機械設備を入れて、どんな生産工程を組んでいるのかは、工場としてはオープンにしたくない情報だからです。ただし、設備に不具合があったときなどは点検や整備のために顧客の工場に入れることがあります。そういうときに観察力があると、どこにどういう設備を置いて、ラインをどう流しているか、メモして回らなくても、自分の頭の中に素早くイメージとして定着させることができるのです。会社に帰ってからあの工場はこういう工程を組んでいるから、こういう提案ができそうだという見当を付けることができます。観察力が上がったおかげでした。

いかに説得力ある提案をするのか、戦略を見極める

水墨画が教えてくれたことは観察力の大切さだけではありません。それは戦略的な思考です。芸術の世界とは離れたことのように感じるかもしれませんが、グランドデザインと置き換えてもいいと思います。水墨画は、筆を執る前に大きな絵を頭の中に描かなければ、描き始めることができません。油絵なら多少の修正が利きます。塗り重ねるも

のですから、ちょっと違うと感じたら少し方向を変えればいいのです。しかし、水墨画はそれができません。一本の線を描いたら、もう直せません。違ったと思って描き足したら絵は真っ黒になっていくだけです。どこにどういう線を引くか、余白はどこにどれくらい取るのか、静物画ならどこに何を置くか、ここは花にするのかつぼみがいいか、すべてグランドデザインがなければ描き始めることができないのです。

昔学生時代のアルバイトで、短い間でしたがデパートで贈答品の包装を担当したことがあります。今でも私はものを包むことが得意で人にも褒められますが、これも同じです。大きさがさまざまで形の不ぞろいなものを、どうきれいに包むのか、それにも観察力と構想力が必要です。包むものは多種多様ですが、包装紙の大きさは決まっていて種類も限られています。どう包むのか、じっくり観察し基本構想を立てたうえで（もちろんのんびりしていたら怒られますから急がなければなりませんが）広げた包装紙の上に包むものをどう置いて、どこから折り曲げ始めるのか、その戦略がなければ包装はできません。同じことです。

水墨画は15年くらい続けましたが、絵を描く楽しみに加えて、観察力を養い、それに基づいて戦略的に考えるということの大切さを教えてくれるものでもありました。

ものを包むのも、水墨画を描くのも、営業先に新たなガスの利用方法を提案するのも、その成功のために必要になるのは同じものです。それは観察力と戦略的な思考であり、見極め力そのものです。

提案者としての信頼を得る

新規顧客の開拓をするために私は多くの工場に行きましたが、そのなかには金属加工や製薬、製菓工場だけでなく、養蜂場もありました。実は岐阜県は養蜂の盛んな土地として知られています。明治時代から取り組まれ、日本における近代養蜂の礎を築いた土地として知られているのです。現在も全国有数の蜂蜜の産地です。

養蜂の事業家の多くは大手の飲料会社の蜂蜜入りスポーツドリンクのＯＥＭ生産などを請け負っています。飲料メーカーであり健康食品メーカーでもあるわけです。そうであれば酸化防止という意味で窒素ガスなどのニーズは必ずあるだろうと思いました。普通は養蜂業と産業用ガスは結びつかないと思いますが、何かしらはあるだろうし、産業用ガス業界の、他社が営業しているところには横入りしないという暗黙のルールがありましたから、とにかく新しいところへ行かなければなりません。しかし、これまでなんの取引もなく、あまりにも畑違いなので伝手をたどろうにも、何も手がかりがありません。

そこで私が考えたのが、養蜂を一から学ぶことです。自分でやってみようと思いました。そうすればなんらかの紹介にたどり着けるかもしれませんし、そのとき、実際にその事業を知っているということは、相手から信頼を得るために大きな力になります。実際に先生についてミツバチを飼いました。もちろんたくさん刺されましたし、時間もかかりましたがなんとか収穫するところまでできるようになりました。女王蜂だけが食べることができるローヤルゼリーも採取しました。そうしているうちに健康食品のOEM生産をしている養蜂場と話をする機会が生まれ、そのときは私も駆け出しとはいえ養蜂家の一人ですから、大いに話が弾み、酸化防止用のさまざまなガスの使い方や成分分析に使うガスの話などをして、その後は実際に提案もしました。以来、新しい顧客として定着しています。

これは余談ですが、ガス業界の研修でフランスに行ったときに、蜂蜜の話になって、私が養蜂家でもあるということで話が大いに盛り上がりました。フランスでは自宅の庭でミツバチを飼い、庭の植物からミツバチが集めた蜂蜜を自宅で楽しむのが最も贅《ぜい》沢《たく》な趣味だといわれています。帰国後に、私がつくった蜂蜜を瓶詰めにしてそのときに知り合った何人もの人に贈ったら、非常に喜ばれて、その当時の招聘《しょうへい》元であった産業用ガスの世界的な企業に大いに注目され、日本法人との関係もさらに深まりました。信頼を得るためにできることはいくらでもあり、それはどこかで必ず何かにつながります。

養蜂を手がけたことは、のちにＳＤＧｓへの取り組みを始めて、いろいろな人と議論するようになったときにも、大いに役立ちました。実はミツバチの絶滅が危惧されていて、それは地球環境の深刻な変化によるものなのです。養蜂家の間では常識になっていました。

21世紀に入って、世界で急速にミツバチが消えていることが報告されています。ミツバチが忽然《こつぜん》と消える「蜂群崩壊症候群（ＣＣＤ）」が、アメリカをはじめヨーロッパや日本、台湾、インドなどで確認されています。特に北米では過去半世紀の間に、ミツバチのコロニーが半減したともいわれています。原因はよく分かっていません。農業が広範に行われ農薬が大量に使われた結果、帰巣能力を喪失してしまったのではないかといわれています。また、侵入外来種の影響、疾病、害虫、気候変動なども原因だとされています。私自身も養蜂をするようになって知ったのですが、実はミツバチは、世界の農作物の3分の1以上の受粉を担っているのです。野菜・果物はもちろん、コーヒーや植物油、牧草までミツバチの受粉で成り立っています。もしミツバチがいなくなったなら、私たちが食べる野菜や果物は命をつないでいくことができず、地上から消えてしまうかもしれません。ミツバチの存在は蜂蜜やローヤルゼリーが手に入るかどうかという気楽な問題ではなく、人類の生存そのものに関わっていて、生息数の激減は、今の地球環境の危うさを警告してくれているのです。ミツバチの生息環境を守ることはSDGsが掲げる17のゴールの多くの項目（2．飢餓をゼロに、3．すべての人に健康と福祉を、11．住み続けられるまちづくりを、13．気候変動に具体的な対策を、15．陸の豊かさも守ろう）に直接関係していることもすぐに分かりました。養蜂を経験することがSDGsを本当に身近なものとして実感させてくれましたし、多くの人と地球環境問題について話し合うきっかけを得ることができました。養蜂の経験によって、私は人との関係を大きく広げ、また深めることができたと思っています。

ＰＴＡ役員として知った教育の現場

私は子どもが学校に通うようになってからは、誘われるままにＰＴＡの役員も引き受けました。ＰＴＡは大体母親が出てくる場で、また、役員は人気がなく、家に高齢者がいるのでとか、仕事で忙しいのでといった理由で辞退する人が多く、どの学校でもなかなか決まりません。私の子どもの学校でもそうだったのですが、それなら私がやろうと引き受けました。

実はこれも仕事に役立つだろうと思ったのです。会社勤めの男性は、子どもの学校のことは基本的に何も知りません。子育ては母親任せで、特に私が30代、40代の頃は、昭和の「モーレツ社員」や「24時間戦えますか」というキャッチフレーズが飛び交った時代です。働く男性が家に帰るのは深夜で、妻子はもう寝ています。翌朝は再び早く飛び出して、夜遅くまで会社、そのあとは接待で、再び午前様の帰宅、という毎日です。せっかくの日曜日は寝てばかりで、多くの働き盛りの社員は家族とは完全にすれ違いでした。子どもの学校のことなど、何も知らないのです。

しかしPTAの役員をしていると校長先生や教頭先生と話す機会もあり、学校にも頻繁に顔を出すことになって、ほかの先生や親御さんの話を聞く機会も増えました。今の学校教育がどうなっているのかとか、どこで悩んでいるのかとか、教室の雰囲気はどうかといったことがよく分かります。男親で学校の現場のことに詳しい人間などいないのです。商談の合間などに雑談で「今、学校ではこんな教え方をしているんです」「学校ではなんでも教えていると思っているかもしれませんが、こういうことはまったく教えていないから家庭でしつけないとダメですよ」とか「子どもたちの間では、こんなことがはやっていて……」といった話をすると「え、そうなの？　知らなかった。全部女房任せじゃダメだね。今度うちに帰ったら聞いてみよう」といった反応があります。そんな雑談からも人間関係ができていきます。ＰＴＡ役員も人間関係をつくるいい材料になりました。

いつまでに何をするか、時間軸で考える

相手の潜在的なニーズを引き出し、的確な提案をすることは新規開拓営業の醍醐味で

あり、やりがいです。会社の業績への波及効果も小さくありません。しかし、功を急ぐのは禁物です。特に産業用ガスの導入は製品の品質に大きく関わり、生産ラインの変更を伴います。提案側としては良い提案で大きな価値があると確信していても、導入する側にとっては事業の根幹に大きく関わる問題です。

実際、ある大手自動車部品メーカーへの参入は、最初の出会いから数えて５年を要しました。熱処理を行う炉に窒素ガスを充填し製品の酸化を抑えて品質を高めるものです。技術的にはすでに一般的になっているもので信頼性も高いのですが、従来の炉をそのまま使いたいという要望があり、また大手企業ですから品質管理も非常に厳しいので慎重に進める必要がありました。早く売上にして営業の実績を上げたいと考えるのは、営業側のわがままでしかありません。納入・稼働の時期を見極め、先方の不安な気持ちも共有しながら一緒に歩むことが必要でした。先方の導入責任者が背負っているプレッシャーは非常に大きなもので、メーカーとの間に入って、運転開始までのスケジュールを引くことが商社の営業担当者の役割です。

このケースでは、まず従来の炉を前提にどのようなルートで窒素を入れればまんべんなく充填できるか、その検討から始まりました。加工材料が炉に流れていくときには、どうしても一緒に酸素が入ってしまいます。どうすれば最小限にできるか、その濃度の計測をどうするかといったさまざまな問題がありました。先方の生産管理の責任者やその工程を担当している技術者とガスメーカーの技術者、そして私がチームを組み、平日は従来の生産ラインが流れているので土日を中心に検討の時間をつくり、ガスの充填方法の開発と試作を繰り返しました。それが固まった時点で実際に試作品をつくってその物性をチェックしながら窒素充填の効果を検証し、そのデータを本社の品質管理部門に確認してもらいます。OKであればいよいよラインに実装し試運転して、再びラインとして流したときの出来具合をデータを取って検証するという手続きを繰り返し、最終的には提案から丸5年の歳月を経て新ラインが稼働する運びとなりました。5年は織り込み済みの数字です。その見極めができていれば、5年後であってもまったく問題はありません。

挑戦にふさわしい組織を見極め、つくりあげる

挑戦は一人でするものではありません。作家や画家なら自分の表現を世に問うという

意味で、一人でチャレンジすることもあるかもしれませんが、企業活動のなかではそれはありえません。常に提案する相手や市場があり、一緒に取り組む仲間がいます。相手を見極め、市場を見極めると同時に、自分の側、その力の見極めが必要です。誰と一緒に、どういう取り組みができるのか、それを見極め、その体制を築いていかなければ、挑戦は成功しません。

最初の証券会社は一匹狼で勝負ができる仕事でした。むしろそれしかなかった職場です。自分が信頼され、自分の判断が尊重されることで結果が出る仕事です。ですから私は、お前に任せると言ってもらえるように、信頼を勝ち取るために努力しました。その次の自動車部品メーカーでは、自社工場の工員たちに私という人間を信頼してもらわなければ工場の改革ができません。彼らの素顔を知り、関係づくりをさまざまに工夫しながらチームとして一体になることを考えました。

その次に考えなければならなかったのは、自社の従業員との関係です。事実上、経営を任されていた者として挑戦できる組織をつくっていくことが必要でした。

私が最初にしたことは仕事をするうえでのルールづくりです。創業社長である義父は、化学が好きな理系の青年でした。青春時代は戦争の時代でしたから徴兵検査を受けて召集されました。理系の人間だったこともあり歩兵ではなくて、前線で渡河のための橋などをつくる工兵だったそうです。その後は、かなり難しかったはずですが国の試験を受けて合格して、軍の官僚になり陸軍省に勤めました。

軍隊時代の話はほとんどしませんでした。当時出征し、なんとか生き延びて復員した人の多くが同じように戦地でのことを話すことはなかったと聞きます。義父もそうでした。つらい記憶しかなかったのだと思います。わずかに口にした思い出話に、陸軍省での勤務先が台湾になったので船で台湾に向かったときのことがありました。戦争末期ですでに日本に制海権はありません。義父の乗った船を含む輸送船団は、そもそもぼろ船ばかりで船足も遅く、アメリカの潜水艦の格好の餌食となり撃沈される船も多数あったそうです。沈没しようとする船から、生き残っている船になんとかはい上がろうとする人も多かったのですが、救助のために引き上げれば定員オーバーになって自船も沈没しかねず、そもそも救助でグズグズしているだけで標的になってしまうため、同胞を見捨ててなんとか助かろうとする修羅場を経験したそうです。義父の船は無事台湾の港に入ったのですが、それはつらい記憶としていつまでもわだかまっているようでした。

いずれにしても義父は理系の青年であり、そして官僚でした。組織は上から号令をかけて動かすものであり、業務の知識も、会社の方針も、指示を出す自分だけが持てばいいという感覚の人でした。

10人ほどの零細企業だったということもありますが、就業規則はなく、出勤・退勤の時間も決まっていませんでした。トラックでのボンベの輸送が主な仕事であり、取り扱うのは酸素を除けば危険物扱いのガスばかりですから、安全運転の指導や運行管理は重要だったはずですが、それに類することは何もしていませんでした。新しく入った社員への研修・教育も皆無でした。

就業規則と18カ条の心得を決める

これは一からルールづくりをしなければならないと思いました。そうしなければ、せっかく新しい仕事を受注しても、いつどんなトラブルが発生してしまうかもしれず、とても安心して任せられません。幸い義父は私の入社以来、営業活動も、会社の運営に関することも私に任せて大丈夫だと考えるようになっていたので、私も事後報告で少しずつ会社の組織づくりを進めていきました。

最初は最低限のルールづくりです。就業規則を決め、事前・事後の報告書のひな形も定め、配送に当たってての細かいルールづくりもしました。運転日報は書式を決めて必ず提出してもらうようにしたり、無事故のドライバーは優良運転手として表彰したりすることにしました。運行管理をきちんとするようになって2年ほどで事故はまったくなくなりました。

そのうえで取り組んだのが18カ条の心得づくりです。松下幸之助さんには「不況克服の心得10カ条」というのがあり、稲盛和夫さんには「稲盛猛語録30」というのがあって私も何度も読み返しました。そのほかにも孫 正義さんをはじめ、成功した経営者には心に留めておきたい名言・箴言《しんげん》がたくさんあります。そうした言葉に出会うたびに、私は自分で用意したノートに書き留め、いつでも振り返ることができるようにしていました。「人がしない仕事に、大チャンスあり」「チャレンジを苦手と決めつけない」「自分が変わる。周りを変えようとしない」「成果を出した仕事を手放す。別のチャンスが不思議に来る」「雑務にもヒント・チャンスあり」「どんな仕事も最初に目標を定める」「やれば、どんな分野でも専門家と対等に話せるようになる」（いずれも実業家の鳩山玲人さんの言葉）など、そのノートには、私が共感したことをメモしています。私自身を育てるためのノートでした。

「六方よし」の経営も最近の新たな学びとしてこのノートに記しました。近江商人

「売り手」「買い手」「世間（社会）」がいずれも満足できるという近江商人ゆかりの「三方よし」の経営のことはもちろん知っていました。これに加えて「地球に」「作り手に」ゆかりの「未来に」もよいという六方よしの考え方を経営エッセイストの藻谷ゆかりさんが提唱されていて、なるほどと思ったのです。近江商人＋ＳＤＧｓということです。

私の18カ条は私自身が従業員に求めたいと思った心得をまとめたものです。それは私の会社の社名の由来でもある３つの大切なもの（智・仁・礼）を行動規範とすることをはじめ、次のようなことを記したものでした。

「社員は自ら高め、創造しチャレンジする」「仕事は、与えられたことのみでなく、自分で作る」「３つの眼〝鳥（全体）・トンボ（３６０度）・カメレオン（変化）〟で見る」「役職、担当は仕事の遂行のためにある」「センス（感性）を磨け、予見すること。流れを読め、人と会うこと。知識を磨け」「必ず計画、実行、確認をする」「問題は全て自らの力不足と思え。他人ではない。自分が変われ」「素直と感謝・継続を忘れるな」「餓

鬼の（むなしい）経営になるな。欲するまま、金がすべてでない」……といったものです。

自分たちの仕事場である会社や倉庫の整理・整頓・清掃はもちろん清潔・しつけを含めて5Sの大切さも従業員に口を酸っぱくして伝えました。整理・整頓・清掃はなんとかできても、清潔・しつけとなると簡単ではありません。しかしこの5つすべてができて、初めて事故のない、そしてお互いが気持ち良く働ける職場になります。私が出勤して毎朝最初にすることは、本社内と倉庫の見回りです。5Sがきちんと実行されているかどうかのチェックです。そこに従業員の仕事に対する気持ちも表れているからです。

ロゴマークも変更する

従業員の心得づくりと同時に会社のロゴマークも変えました。私が自分で考えたのですが、三光堂という社名にある3つの大切なものを3つの三角で表現し、その下にローマ字7文字で会社名を書いて、3つの三角を人（ローマ字の部分）が支えているという図案にしました。実は創業社長は18カ条の心得については何も言わなかったのですが、ロゴマークを変えることについては気乗りがしなかったらしく、変えなくてもいいと抵抗していました。しかし、創業社長の名字に入っている山という漢字を模したデザインで「あなたの名前にある山という漢字も入っています」と説明すると、まんざらでもないという表情に変わり、このロゴでいこうと賛成してくれました。実はこの理屈を持ち出せば必ず納得してくれるだろうと思っていたのです。これも私の見極め力の一つだといえるかもしれません。正直に言うと、「山の字がデザインされている」というのはあとから付け足した理屈で、最初からその考えがあってデザインしたわけではありません。しかしそれで創業社長も納得してくれました。絶対このデザインが良い、その理由はかくかくですと言い張るのは簡単です。しかし私の目的は自分が考えた新しいロゴに変えることであり、創業社長に、デザインの意図を１００％納得してもらうことではありません。全員が納得できれば、それぞれの細かい理由に一致がなくても構わないと思います。事業活動のなかで、つくりあげていけばよいものだからです。

ISO取得を通した従業員の意識改革

私が事実上経営全体に目配りをするようになったときに、どうしてもやりたいと思っていたことがありました。それはマネジメントシステム規格（ISO＝国際標準化機構）の9001（品質マネジメントシステム）と14001（環境マネジメントシステム）の認証を取得するということでした。取引先の大手企業からも、この国際規格を持っていないと近いうちに取引ができなくなる可能性があると聞いていました。といっても、時代はまだ2000年になったばかりの頃です。2つの規格もようやく内容が整備されたところで取得する会社は少なく、まして、地方の従業員が20人程度の会社で、しかも9001と14001の両方を取ろうというのですから、非常に珍しい取り組みと受け止められました。実際、創業社長は「専門のコンサルタントが1日で十数万円？ 1週間で50万円も60万円もかかるのか、ずいぶん高いが、それにどんな意味があるんだ？ 取れば儲かるのか？」と聞いてきました。

「儲かりませんし、儲けるために取得するわけではありません」

「じゃ何のためなんだ」

これ以上ここで議論しても意味がないと思ったので、私は話を切り上げました。そもそもＩＳＯが何かを知らない人と議論して納得が得られるはずがありません。意地の張り合いになるだけです。「どうしてもダメとおっしゃるなら、私は会社を辞めます」と最後のセリフを持ち出しました。本気ではありません。私の得意なお芝居ですが、社長はびっくりした様子で、しばらく沈黙したあと「じゃあ勝手にしろ。でも俺はいっさい関わらないぞ」という返事がありました。別に関わってもらう必要はありません。むしろやりやすいくらいです。

私は取得に向けてコンサルタントを招き、具体的に動き始めました。私は必ず役に立つ、この会社の組織を変えるきっかけになると信じていました。

とにかくミスが多い会社なのです。社内の事務上のミスであれば、今後気をつけようで済むのですが、外部が関係するミスは会社の信用に関わります。ミスは根絶しなければなりません。しかし、一つひとつのミスに関わり合っていてもキリがありません。組織の体質を変えなければならないと思いました。組織らしくするということです。それが私の見極めでした。

その点、ＩＳＯ規格の取得はうってつけなのです。いずれもマネジメントシステムですから、実際に人が具体的に役割を担って、システムとして回していかなければなりません。お金を払ったらもらえるとか、講義を受けてペーパーテストに合格したら付与されるというようなものではないのです。そこに魅力がありました。つまり、従業員の主体的な参加と意識改革がなければ、システムとして機能するものにならないので、取得の準備は今の会社組織を変えながら、自律した従業員の集団にしていく追求として行わなければならないのです。国際規格の取得それ自体は外向きのものですが、私の会社のような、組織として十分鍛えられていない企業にとっては、内向きの会社組織の改革という意味も持つものでした。しかも、この取得の過程での学びは、企業活動についての当たり前を学ぶことであり、扱う商品の知識をさらに深めることも求められます。また、今後の取引先とのコミュニケーションも同じ土俵で、同じ考え方や言葉遣いでできるということになるので、従業員のコミュニケーション力も向上します。創業者のワンマン会社から、新しい近代的な会社に生まれかわるにはＩＳＯ取得が格好の機会になると思って取り組みました。

まずＩＳＯ９００１、翌年に同じく１４００１を取得すると目標を決めて進めましたが、想像以上に難しいチャレンジでした。導入チームの従業員とは休日返上で勉強会を重ねましたが「分からない、もう嫌だ」と悲鳴が上がりました。私は「やめてもいい。私は構わない。しかしこれがなければ会社は生き延びられないと思う。それでもいいのか」と、とにかく大きな目標を示して付いてきてもらいました。中小企業としては早めの取り組みであり、それなりに時間の猶予もあったので、なんとか予定どおり2つの認証を取得しました。ISO審査センターを組織内にもつ高圧ガス保安協会が、地方の小さな企業が早い時期に立て続けに2つの認証を取得したことを珍しがって「取得の取り組みを参考にさせてほしい」とヒアリングに来るなど、業界でも注目を集めました。

入社以来、一人の営業マンとして提案型営業で新規開拓を続けるなか、実際新たな取引は次々と生まれましたが、さらに次の一歩を踏み出すためには組織が変わらなければいけないというのが、当時の私の見極めでした。

日々の業務のなかで、それは少しずつ進めてきたつもりです。しかしISOの2つの規格の認証取得はそれとは比較にならない組織改革の大きな一歩となりました。

自立と自律のための従業員への呼びかけを行う

文章化された就業規則はなく、しかし従業員はそれを当たり前に思って働いていたのが義父の会社です。ＩＳＯ規格の取得はいつ誰が何をして、どのようにその内容をチェックし次につなげていくのか、という仕組みづくりであり、組織で業務を進めるとはどういうことなのか、実際の行動を通して学ぶ重要な機会になりました。

私は同時に、組織の一員として働くとはどういうことなのか、基本的なことについてさまざまな機会をとらえて従業員に示しました。そういうことを私が言えば耳を傾けてくれる環境ができたと思ったからです。入社間もない私が言い出したら、「娘婿だと思って偉そうに」となったに違いありません。

私は日頃から気になっていることを3点指摘しました。1つめは仕事が遅いということです。会議をしても早く結論を出そうという工夫がありません。それは結局、自分が解決すべき問題だという意識が希薄だからです。もしそうでないのであれば、自分で考えて一刻も早く解決しようとします。自分の問題ではなく他人の問題であり、誰かが解決する問題だと考えているから、聞かれれば意見を言う、という程度の関わりになってしまうのです。

２つめは、みんなで考えようとすることです。商品もサービスもみんなで企画し販売するものだということにして、結局人任せにしてしまいます。「みんなで考えて」といえば聞こえはいいのですが、結局それは、自分で粘って考え尽くして解決するということの回避につながり、努力が足りない自分、力が足りない自分を「みんな」のなかに隠して、気楽な立場に立つことにつながります。

３つめは、仕事とプライベートを分けることに強くこだわる人がいるということです。確かに、この２つは区別されるべきものです。プライベートの時間はしっかり確保されるべきであり、そこから得ることは少なくありません。仕事にも好影響が出ます。しかし時にはプライベートの時間を削ってでもやらなければならないことがあると私は思っています。仕事のスケジュール管理は自分でしっかりやっていても、顧客から急に頼まれることは必ずあるのです。誰かがやらなければなりません。手の空いている人が手伝うとか、休日を別に確保して出勤するとか、組織内でいろいろ検討することはできるはずです。「とにかく私は無理です」と自分のプライベートだけをかたくなに守ろうとする人は、「会社の仕事」が「自分の仕事」になっていないのだと思います。それは「やらされ仕事」です。その仕事が自分の働く会社にとってどういうものなのか改めて振り返ることが必要です。

私はこの3点を改めて従業員に示し、自分の場合はどうかと考えてもらうことにしました。

働くのは会社のためではなく、自分のため

そのうえで私が示したのは、働くのは自分のためだということです。会社に所属して会社から給料をもらうのだから、会社の仕事を会社の名前でしているのですが、それは結局、自分の頭を使い、自分が段取りを組んで進めることです。自分へのチャレンジであり、自分を成長させてくれるものです。人はその仕事ぶりを通じて相手を知り、相手を評価します。会社に使われているフリをして、自分のために働くという意識も必要だと思うのです。自分の成長のために、会社を踏み台にするくらいの意識で働いてほしい

と思いました。

知らないことがあっても、それは恥ずかしいことでもなんでもありません。目の前の商談相手が、自分の知らないことを聞いてくることはよくあることです。知らないなら教えてほしいと頼めばいいだけです。知らないことを隠そうとして、その場をごまかすことのほうが数段恥ずかしいことであり、自分がそれを知ることで成長できるのであれば、知らないことは恥であるどころか、歓迎すべき成長のチャンスです。必要なのは自分を豊かにしようという意志と実践です。

自分より格下の人間にばかり会って先輩風を吹かせていたら、自分の成長のきっかけも、足りないことの学びも得られません。格上と思われる人と会わなければならないのです。そのチャンスをつくるためにはさまざまな知識を吸収して、自分を磨く必要があります。今の若い人の多くはお金を貯めることは知っています。気軽にモバイルでできる株式投資や、すべてお任せでできる投資商品もあり、ゲーム感覚でやっているという人も増えました。しかし、お金を使うことは知らないのです。自分に投資しなければ成長はないのに、貯めることにしか関心が向かいません。自分に投資すれば、そのお金は自分に返ってきます。

仕事で東京や大阪に出張しても、すぐに帰ってきてしまう人が多くなりました。午後のセミナーを受けて終了が16時、17時になったら、そのまままちに出て都会の空気を吸って来ればいいし、友達を呼び出してお酒を飲んでもいいと思います。そこから見聞を広めたり、事業の新たなヒントを得たりすることもあるはずです。目標を忘れなければ、どんな雑談のなかにもヒントはたくさん隠されています。いつもの職場と違う環境に自分をおくことで、新たに気づけることもあるのです。会社のことや同僚の目が気になるのかもしれませんが、もっと自由に、自分のための時間だと思って使ってほしいと思っています。自分にとって価値があり、自分の成長が見えるなら、遊びに行くなりなんなりすればよいのです。大事なことは人と同じようにすることではなくて、自分の成長です。従業員には自分の成長を第一に考えるマインドを持ってほしいと思っていました。

義父がワンマン経営でつくってきた組織をどう改革していくのか、ＩＳＯに加えて私が必要性を感じたのは、仕事に対する意識そのものです。仕事は誰のためでもない、自分のためにあるということを私は繰り返し伝えました。仕事を通して自分を磨けば、大きな未来が必ず拓けます。お金を貯めても、お金で未来は買えません。

松下幸之助さんもたびたび言及しています。わずか一代で現在のPanasonicをつくりあげ、経営の神様とも呼ばれる松下幸之助さんは、若い頃は体が弱かったことから、大事なことだけ相談してくれれば、あとは自分がいいと思うようにやってくれと、部下に多くの仕事を任せたそうです。任されたほうも大いに発奮して次々と成果を上げたそうですが、そのとき松下さんは、「人間というものは、たとえていえば、ダイヤモンドの原石のような性質をもっている」と感じたと振り返っています。「見た目には光り輝くものかどうか分からない場合もあるけれど、磨けば必ず光る本質をそれぞれにもっている。各人それぞれにさまざまな知恵や力など限りない可能性を秘めている。そのことにお互いが気づいて、個々に、あるいは協力してその可能性を磨いていくならば、人間本来のもつ特質、よさが光り輝くようになってきます。そこに世の中の繁栄も、平和も、人間の幸福も実現されてくると思うのです。私たちは、この人間の偉大さというものに案外気づいていないのではないでしょうか」と書かれています（『人生心得帖／社員心得帖』松下幸之助、ＰＨＰ研究所）。

人は必ず輝ける何かをもっている存在であり、光り輝くものへと自分を磨いていくことこそ、人生の大きな目的なのだと思います。会社はそれができる場所でなければなりません。

これから自分が率いていく会社を見たとき、私はそこが一人ひとりの従業員にとって、自分を磨き、成長させていく場であってほしいと考えました。それが最も重要なことであり、それを犠牲にしてまで稼ぐ必要はありません。

SDGsも意識改革の一環として位置づける

SDGsへの私の会社の取り組みも岐阜の中小企業のなかでは非常に早いものでした。私は2018年からSDGs経営が私の会社でどのようなものであるか、という検討を開始しました。産業用ガスの活用に関する提案を行う企業として、環境負荷を抑え持続可能な地球を次代に受け継ぐことは重要な役割です。小さい会社だから、地方だから関係ないとはいえません。企業活動を通して社会に関わる以上、SDGsの視点は絶対に欠かせないものです。名刺にもうたいました。それは従業員に対する私からのメッセージでもありました。

日々の会社の仕事は「自分事」としてとらえるからこそ、挑戦する価値のあるものになります。それが今のグローバルな目標であるＳＤＧｓの実現につながるものであることが分かれば、さらに誇りを持って取り組める仕事になります。

企業規模の大小にかかわらず、私たちは持続可能な社会の創造ということを事業活動の根底にしっかりと持っていなければなりません。おそらく名刺を差し出せば、ＳＤＧｓとしてどんな取り組みをしているんですかとか、この社名やロゴマークはどんな意味があるんですかと聞く人も出てきます。そのときに従業員の一人ひとりが、借り物ではない自分の言葉でＳＤＧｓの実現を目指す仕事の価値や社名の由来を話せることは重要です。

仕事が会社のものから自分のものになり、その価値が自分の言葉で語れるようになったとき、従業員も会社も大きな力を持つことができます。

織田信長は人が自立し、自律的に動けることの重要性に早くから気づいていました。天下統一に迫った信長は人間の依存心を戒めるために、こう言いました。「人城を頼らば、城人を捨てん」と。城は確かに防御の要ですが、城に頼っていては、城は人を捨てます。人が動くことで初めて城が機能するのです。信長のこの言葉は、城を会社に置き換えれば現代に通用します。会社に頼ったら、会社は人を捨てます。人が動き、成長することで初めて会社は機能するのです。

自社の組織をいかに強く、たくましいものに変えていくのか——従業員の現状を見極め、私との関係をどう変化させることができたかを見極めるなかで、私は組織改革にチャレンジし、会社の変化と成長の基盤づくりを進めました。

第5章

業界の行く末、自分の将来、次代を担う若者たち——

「やるべきこと」と、「今、必ずやるべきこと」を見極める

やるべきだが、今ではないという選択

その挑戦はしなければならないけれども、今ではない——という選択肢は常にあります。なぜなら挑戦は一歩を踏み出す以上成功させなければ意味がありませんが、相手や周囲の環境、自分やチームの力などを見極めたとき、今すぐでは成功しないと判断できるときがあるからです。自分の正しさへの確信、孤立を恐れない勇気だけで常にポジティブに挑む人は、潔く、勇ましく映りますが、本当の挑戦者とはいえないかもしれません。

ホトトギスを素材に、信長は「鳴かぬなら殺してしまえ」、秀吉は「鳴かぬなら鳴かせてみせよう」、家康は「鳴かぬなら鳴くまで待とう」と言うだろうと、戦国時代の名将を巧みに比較したのは、肥前国の平戸藩主、松浦静山でした（随筆『甲子夜話』）。確かに、家康は機を見るに敏で、自らの戦略が実現するときと読んだときの行動は素早いものがあり、今はそのときではないと見極めたときの行動には、周到な計算が積み重ねられていました。

最も見極めにたけた戦国武将は、徳川家康であったかもしれません。だからこそ戦国時代を終わらせ、二百数十年という泰平な世の中をつくることができたのだと思います。家康がそのような才に恵まれたのは、生家である三河の松平家が、駿河《するが》の今川家と尾張の織田家という強国の勢力争いの間で苦労しなければならなかったことが大きく影響しています。

松平家と家康は、常に状況を見極めることに注力し、機を見て動きました。

家康の初陣は今川配下で、織田側に寝返った鈴木重辰を攻めることでした。勝利を収めますが、わずか2年後には織田が今川を攻めます。家康は今川が敗北して駿河に退去したのを見ると、その隙を突いて西三河を支配下に置き、そのまま今川とは断絶して織田側に付きました。

有利な状況にあるときには果敢に戦い、まだその状況に至っていないと見れば動かず、その状況を招来するために策を練りました。のちの小牧・長久手の戦いで秀吉と対峙《たいじ》したときも戦況は優位に進めながらも、数に勝る秀吉軍を深追いすることなく和議に応じています。天下分け目の戦いといわれた関ヶ原においても、当初は不利とされていながら、敵軍にいた小早川の軍勢を味方に引き入れ、最終的に勝利を収めました。戦闘に秀でていただけでなく各地の大名との関係構築にも力を注ぎ、いつでも状況を有利に変えることができるさまざまな策を持っていたことが、家康を勝利者に押し上げたのだと思います。豊臣秀頼との決着に臨むのは関ヶ原から15年もあとのことです。この間に行った関ヶ原の合戦の論功行賞で、家康は事実上、全国制覇を成し遂げていました。大坂冬の陣と夏の陣は、全国政権の確立を宣言するセレモニーであったといえるかもしれません。

多くの場合、攻めにたけた人間は守りが弱く、守りが得意な人間は攻めが苦手です。しかし家康は違いました。どちらにも強かったのです。それは常に状況を読み、時間軸に沿っていつ何をなすべきかという見極めをすることができたからです。

前進のためのストックとして留保する

「今ではない」と退くことは、常にあり得ることです。これは何も「あっさり諦めた」「気が変わった」という類いの軽々しい転換ではありません。「粘りがない」「そもそも本気度が疑われる」といった批判とも無縁です。挑戦の計画にはいつ実現するという時間軸も必要であり、それをもたない挑戦は、単なる願望にすぎません。目標の設定は常に、直ちにやる、今日の昼までに仕上げる、今日中に終わらせる、今週中に決着を付けるといった時間とともに設定されるものです。そうでなければ、いくつものやるべきことのなかで優先順位が付けられず、いつの間にか目標から消えてしまうことになりかねません。挑戦も同じです。いつ実現するのかという時間とセットでなければ取り組めません。とにかくすぐやることが挑戦であるかのように考えられがちで、迷わずすぐに駆け出せば、いかにも挑戦をしているかのような雰囲気を醸し出しますが、それは挑戦の誤ったイメージです。挑戦は自分が決めた時間軸のなかで戦略的に実現すべきもので、仮に当初の目標に達しなくても、その理由を振り返り、目標を再設定して再び歩み始めれば、それは失敗ではなく、継続中の挑戦であり、それまでの積み重ねは次の前進のためのストックです。

私の挑戦にも、取り組むべきだが今すぐではない、と判断し長期戦を計画したものがいくつもありました。

極端な例ですが、最初にこの会社にはこのガスの提案をしたいと考えて、結局実現したのが30年後だったというケースもあります。

挑戦には息の長いものもある

　ある製鉄会社への営業活動でした。従来の空気燃焼ではなく、酸素ガスを使った酸素燃焼の切り替えを提案したいと思っていたのです。世界的にもオゾン層破壊や地球温暖化といった環境問題がクローズアップされ、国連の気候変動枠組条約第3回締約国会議（COP3）では歴史的といわれた京都議定書の採択なども行われていました。CO_2の排出抑制が大きな社会課題となり始めたときです。言うまでもなく酸素燃焼に切り替えれば燃焼効率が上がり、化石燃料の消費を抑える省エネに大きく貢献します。つまり酸素燃焼にすると、燃焼に寄与しない窒素分がないので、窒素による持ち去り熱量が減って燃焼効率が上がるのです。設備がコンパクトになり、燃焼温度が上がり、燃料投入量も削減できます。化石燃料の使用量を減らすことができれば、それだけCO_2排出量も減り、地球温暖化対策になります。

　しかしその会社では生産設備を更新して間がなく、今すぐ変更する考えはまったくないということでした。確かに高額の投資となる高炉周りの設備は10年程度で替えるものではありません。酸素燃焼導入の価値は高いと信じていましたが、今すぐの採用を求めることには無理がありました。20年後あるいは30年後に採用してもらえばよい、そのためにできることを考えようと思いました。20年はいかにも長いのですが、単純に営業対象から外すことは考えませんでした。実は苦い経験があったのです。ある食品メーカーでしたが、窒素ガスを使った食品の凍結保存を提案してもまったく反応がなく、それ以上のアプローチはしませんでした。ところが、３年くらいあとに偶然その工場に入ったら、他社のルートで窒素ガスを使った凍結保存のラインができていたのです。自分の見通しの甘さを痛感させられたと同時に、相手の真意を見極め、それに合わせた戦略をきちんと立てることの重要性を改めて思い知らされました。

この製鉄会社に対しても、早くても20年後でよいと腹をくくり、しかしそのときは必ず私の会社から酸素ガスを提供できるように長期戦略を考えることにしました。無理に押して、導入しませんかという営業を続ければ、自分の売上しか頭にない会社だと見限られてしまいます。20年を見越せば、相手側の担当者は確実に代わります。その次、さらにその次と思われる人との関係づくりが必要であり、担当部署ではなくても、私の会社を推してくれるようなキーパーソンをつくることも大切になります。国際的なCO_2

の排出抑制や環境規制の動きと見通しについて定期的に情報を届けたり、取引関係を維持したりするために売上としては非常に小さなものですが、他部門でのアルカリ性廃水の中和剤として炭酸ガスを納入する契約を取ることができました。契約金額の大小は二の次です。関係を継続するための手段として考えたものでした。長期戦を覚悟した関係づくりは順調で、その後部長に昇進した当初の担当者とはゴルフや釣りに出かける間柄になり、さまざまな情報交換を続けることができました。大規模な設備更新が話題になったのは、最初の出会いから数えれば20年以上経ってからでしたが、提案の機会をもらい、ガスメーカーの技術者も含めて設計とテストを繰り返し、最終的には30年近く経ってから当初考えた酸素燃焼用のガスの供給を実現しました。

挑戦という勢いのある言葉からは30年の長期戦はイメージしにくいのですが、これも立派な挑戦であり、見極め力があれば確実に達成することができます。

小出しにしながら、少しずつ変えていく

私の創業社長との関係づくり、つまり営業や組織運営に疎いワンマン社長を変えてい

く戦いも長期戦を覚悟したものでした。

29歳で3つめの勤め先としてこの会社に来たとき、それまでの2社はいずれも大手の上場企業でしたから、あまりの違いに私は驚いていました。組織としての体をなしていません。しかし、私は前の2社と違って、この会社にはいずれは経営を引き継ぐつもりで来ていましたから、嫌だから辞めるという選択肢はありませんでした。会社を変えなければならない、それができなければ会社の未来はなく、いずれ自分が率いるようになっても、自分の理想を貫いていくことはできないだろうと思いました。

もともと私は気位の高い母親から「鶏口となるも牛後となるなかれ」という教えを受けていました。牛の尻ではなく鶏の口になれ、つまり強い勢力のある者に付き従うのではなく、たとえ小さくても独立したものの頭になれ、という中国の『史記・蘇秦列伝』に材を取った故事成語です。私もこの言葉が好きで座右の銘としていましたが、さすがにこの会社でいきなり前に立つことには無理がありました。

私は「ゆっくりやろう」と思いました。社長と従業員には、それぞれからまず信任されることが必要です。改革すべきことは、環境が整ったら手を付けようと、大学ノートにやるべきことのリストとして書き置くことにとどめました。「これがない、これが必要」

とリストはどんどん膨らみましたが、それは基本的にはノートの中だけにとどめて、ただ優先順位が高いと感じることについては少しずつ口にしていきました。従業員の給料を上げませんかというのはその一つでしたが「その必要はない」と一蹴されました。私に経営の何が分かるのか、という反発もあったと思います。さらに押せば喧嘩になることは目に見えていたので、また時期を見て進言してみようというのが私の判断でした。今は、私には経営を語る力がある、その意見は参考になると認知してもらうことが遠回りのように見えて近道だと考えたからです。従業員に対しても、現場を知ろうと努力をしている人間であり、営業力があって業績の向上、つまり自分たちの給与アップを実現してくれそうな人間だと認知してもらうことが必要でした。それも少しずつ実現することができました。

創業社長は少しずつ第一線から退き、いつの間にか私が事実上の経営トップになっているというのが、私の会社での社長交代の実態です。それも私の長期戦略がもたらした、あえて曖昧にした事業承継だったといえます。なし崩し的に、いつの間にかトップが入れ替わっているというのがよいというのが、私が見極めた長期戦略でした。

業界の旧態依然の慣習も少しずつ変える

もう一つ、私が長期戦で挑戦した例があります。それは産業用ガスの販売代理店（ディーラー）の世界で当たり前になっていた奇妙な商習慣を変えることです。

私は証券業界、自動車部品メーカーを経て、義父の産業用ガス卸会社に入りました。ガス販売はまったく新しい世界だったので商習慣なども新たに知ることが少なくありませんでした。

例えばガスメーカーとの関係です。産業用ガスを扱う私の会社は、製造現場に対して酸素や炭酸ガス、窒素などの産業用ガスを使ったさまざまなソリューションの提案を行い、実際に新たな生産工程が動き始めれば、そこで使用されるガスをメーカーから仕入れて納入します。産業用ガスの専門商社としての役割と、ディーラーとしての役割を持っています。

一般に、販売を行うディーラーは特定のメーカーとのみ取引があります。例えばトヨタ自動車の販売店はトヨタの車しか売りません。ホンダはホンダ、日産は日産です。同じようにリクシルの代理店はリクシルしか売りません。そこでＹＫＫ ＡＰの商品は買えません。

ところが産業用ガスについては、世界的なメーカーも国内大手メーカーも存在しますが、どのメーカーのガスでも販売できます。トヨタの販売店がホンダの車を売るようなものですから、とても珍しい形です。通常、ものの流通はメーカーが頂点にいて、一次問屋二次問屋そして販売店とピラミッドの上から下へと降りていきます。販売店はメーカーとは直接にはつながりませんし、まして他社のメーカーとつながることはありません。産業用ガスは、その点、非常に珍しい流通スタイルです。しかしそれが、多くのメーカーとの日常的な付き合いを生むことになり、私たちのソリューション提案を豊かなものにしてくれました。いろいろなメーカーのエンジニアに会うことができ、各社の得意な技術を知ることができるからです。30年後に実現というような時間をかけた大規模でユニークな提案ができるのも、多くの選択肢を持っているからです。確かにこれは良い面でした。

他方では、ガスの納入に関して奇妙な商習慣がありました。

それはガスを充填している専用の高圧ボンベが無償で販売先に貸与されていたことで

す。ボンベは高圧で充填したガスを安全に貯蔵するもので、一般的な7㎥の小型ボンベでも5万円、6万円という価格です。中身のガスは３０００円程度なので、それに比べてもボンベの重要性は明らかです。会社の大切な資産であり、法律でも個別に識別できる「容器所有者登録記号番号」を刻印したうえで厳密に管理することが求められています。どのボンベがどの工場にいつから置かれているか、記録しておかなければなりません。

それほど重要なボンベなのですが、これが無償・無期限で提供されていたのです。当然消耗品であり、安全面での配慮もあって定期的な耐圧検査や短いサイクルでの新品への交換も必要です。販売店にとっては大きな負担ですが、それがすべてサービスになっていました。こちらの所有物を貸し出して、しかも貸与期間中の管理もして、安全な保管や使用についてもこちらが教え、監督しなければいけない――にもかかわらず対価はゼロだったのです。ボンベの無償提供だけでなく、ほかにも「ガスくさいような気がするので、漏れているのかもしれない。ちょっと見てもらえませんか」という連絡が入ることがあります。もちろん飛んで行って点検し、もしも不具合があるなら修理します。ところが、これも無償なのです。緊急に人が動いて、修理もして、それでも一銭も請求しないのが産業用ガスの業界だったのです。普通では考えられません。電気工事業者が現場に赴いて電気器具の修理や配線のチェックや交換をしたら、出張費用と修理工事代金を請求します。ところがガス業界はほぼ無償です。ほかにも溶接用のガスを販売している顧客から「ちょっと溶接機材に不具合があって」という連絡が来たからと溶接機材を持って行くこともありました。これも無料のサービスなのです。消耗品であるガスの料金以外はいっさい取らないというのが、ガス業界の奇妙な商習慣でした。そういうことがあっても大きく損をしないように、配送も容器の貸し出しもメンテナンスもなんとなくひとまとめにしてすべてガスの販売価格ということにしているのです。つまりそれだけガスの販売価格の根拠が曖昧なのです。しかしこれでは価格の値上げ交渉もできません。

あまりにもおかしいと思って、あるとき同業で事業経験も長い会社の社長に話したら「確かにおかしな習慣だが、この業界は古いからいきなり言っても変な奴だとにらまれるだけです。ゆっくり、小出しにしたほうがいいですよ」と忠告されました。目的は制度の見直しを進めてもらうことで、業界に喧嘩を売ることではありませんから、それなら長期戦を覚悟して、少しずつ仲間を増やす工夫をしました。

その結果、時間はかかりましたが、容器使用料の徴収が検討されることになり、容器を顧客に出荷した日から、容器が戻ってきた日までの使用日数に応じて、容器の費用や容器の保安確保に必要な維持管理費用、再検査費用、廃棄処理費用などについて応分の負担を求めることになりました。

忠告に従って、ゆっくりと取り組んだのが良かったと思います。どの業界も似たり寄ったりだと思いますが、業界団体は似たようなものがいくつもあって、それぞれに設立の経緯があり、会社の規模によって発言力が決まったり、声が大きい人や政治に特別なコネクションを持った人が大きな決定権を握ったり、派閥があったりして、正論だからといってすんなり通るような世界ではありません。動かすには戦略が必要であり、時間が必要です。その構想を立てるのも大切な見極め力でした。

まず隗《かい》より始めよ、という教え

大事を動かすための戦略を語った故事成語のひとつに「まず隗より始めよ」というのがあって、私はこの話が好きです。これはまさに時間的な将来を見極めて、今の方策を考えるという話です。

元となったのは『戦国策』で紹介されている燕《えん》の昭王とその食客、郭隗《かくかい》の話です。原文は、「今、王誠に士を致さんと欲せば、先《ま》ず隗より始めよ。隗すら且つ事《つか》えらる。況《いわん》や隗より賢なる者をや。豈《あ》に千里を遠しとせんや」というもので『中国故事成語辞典（三省堂）』によれば、以下のような物語です。

燕の昭王の食客、郭隗は王が優れた人材を求めているのを聞き、王に次のような話をして聞かせます。「昔、よい馬を求める人がいて、使者に大金を与えて買いにやらせた。そのよい馬は死んでいた。すると使者はその死んだ馬の骨を五百金で買ってきた。主人が怒ると、使者は、死んだ馬さえ大金で買うという評判がたてば、生きた馬なら、もっといい値段で買ってくれるという評判がたつでしょうと言った。果たしてその後よい馬が三頭も手に入ったという」――そして郭隗はこう付け加えたのです。「もし王様が、今本当に優れた人材を広く集めようとなさっているのなら、まず私のような取り柄もない人間を重用してください。私のような者さえ抜擢《ばってき》してくれるという評判がたてば、もっと優れた人間は、千里の道のりを遠しとせず、集まってくるに決まっています」。つまり、まず隗を召し抱えることから始めてください、という物語です。

「まず隗より始めよ」という故事成語は、一般的には「事を始めるには、自分からやりださなければならない。人に言いつける前に自分が積極的に着手せよ」とか「まず、あなたがやりなさい」という意味合いで使われることが多いのですが、元となった物語は、「大事を始めるには、小事から手をつけよ、大事業には、呼び水となる小さなことから始めるのが必要だ」という意味でした。

つまり時間軸で将来を見極めた戦略です。今こうすれば、将来は必ずこうなるだろうという鋭い見極めのもとに、今の取り組みを選択するということです。これも挑戦を成功させる見極め力のひとつです。

サクランボもイチジクも、いつか実がなる

挑戦は時間を伴うものであり、それをあらかじめしっかり見極めれば、すぐに成果が出なくてもいいのです。

私の会社の敷地内には、さまざまな果樹が植えられています。サクランボやイチジク、スモモ、ブドウなどがあり、種から育てたもの、苗木で植えたものなどいろいろです。

事業の性格上、来客は多くありませんが、たまに来られたときに実がなっていれば、木からもいで差し上げることにしています。そういうことができればいいなと思って植えたものです。これも私の挑戦ですが、実を付けるようになり、人にあげられるようになるまでには最低でも4年、5年がかかります。しかし、5年後にこうなればよいと思って着手すれば、それは現在進行形の挑戦です。

挑戦には息の長いものもあり、短期間のものもあります。林業では植林して30年後、40年後にようやく伐採期を迎えます。そのとき自分はもう生きていないかもしれないという息の長い仕事です。新しい品種を試すということもありますが、その結果は見ることができないかもしれません。

しかし、それも大いにやりがいのある挑戦であり、その目標に向かって30年をマネジメントしていくのです。今すぐ結果が分からない長い視点の挑戦があってもいいと思います。

作家の井上靖さんは「天子が即位すると、盗賊団は直ちにその日からその天子が将来葬られるであろう想定の場所に向って秘密の地下の道を掘り始める」という中国の古い話を引いて、この話が好きで、勇気をもらうと書いています（『井上靖全詩集』新潮文庫）。自分も何かに向かって歩み始めなければならないと思うからだそうです。時間軸の長い挑戦には、どこかロマンを感じさせるところもあります。

最近は「結果を出す」という言葉が、ビジネスやスポーツの世界で頻繁に使われます。「つべこべ言ってないで結果を出せ」「いろいろ取り組んできたが結果が出せて良かった」……というような使い方です。

私はこの言い回しに違和感を持ちます。「結果」は出るものであって、出すものではないからです。「結果」は、単に終わったことを意味する言葉で内容を含んでいません。他動詞のように何かを取り出すという意味には使えないと思います。結果を出せといわれても、普通は何のことだか分かりません。

しかも、結果には良い結果も悪い結果もあるはずです。ところが、今使われているのはもっぱら「期待したとおりの結果」「良い結果」の意味であり、「成果」と置き換えても通じるようなものです。

「結果」という言葉は、いつの間にか自分で出すものになり、しかも良いことに限定されてしまいました。おそらくそれは、努力に基づく好結果を性急に求める最近の成果主義の反映だと思います。そこでは「悪い結果」は出していけないものになっていて、これでは挑戦するのが怖くなっても不思議ではありません。しかし、戦略をきちんと立てて、ゆっくり歩む挑戦をないがしろにしてはいけないと思います。

相手を見極め、場を見極める

時間を頭に入れて進める挑戦は、今を大事にすることにつながります。目標が遠くにあると、まだまだ時間があるからと、今の取り組みがぞんざいになりそうなものですが、むしろ逆です。実現の時期を時間的に遠い未来に置くということは、それだけ目標が大きいからであり、実現のためには、一つひとつのステップを着実に踏んで積み重ねていかなければなりません。今が大事になります。

私は「一期一会《いちごいちえ》」という言葉が好きです。もともとは茶道の世界で使われていました。千利休の弟子、山上宗二が1588年頃に著者『山上宗二記』の中に「道具開き、亦《また》は口切は云《い》ふに及ばず、常の茶の湯なりとも、路地へ入るより出《い》づるまで、一期に一度の会のやうに、亭主を敬ひ畏るべし」と記していたものに、茶人でもあった幕末の江戸幕府の大老、井伊直弼が着目、自著『茶湯一会集』の中でこのくだりに触れて「そもそも茶湯の交会は一期一会といいて、たとえば幾度同じ主客交会するとも、今日の会に再びかえらざる事を思えば、実に我一生一度の会なり。さるにより、主人は万事に心を配り、いささかも粗末なきよう深切実意を尽くし、客も此の会に又逢いがたき事をわきまえ、亭主の趣味何一つもおろそかならぬを感心し、実意を以て交わるべきなり。これを一期一会という。かならずかならず主客とも等閑には一服を催すまじき事、すなわち一会集の極意なり」と書き記したことが、今の一期一会の言葉となりました。

出会いに同じものはなく、生涯に一度のことと思って臨みなさいという教えです。確かに、仮に既知のメンバーが集まるにしても、その日その場所での出会いは一度限りです。それぞれの心情や関心の向かうところは違い、衣装も違い、もちろん天候や時刻も異なります。まして、その場限りと分かっている人との出会いは、文字どおり一期一会です。

もっと伝えたいことがあった、礼を尽くせなかった、誤解を与えてしまった……などと悔いの残ることがあっても、取り返す機会は訪れません。そうであるからこそ、その時のその場に全身全霊を傾けて臨まなければなりません。

一期一会という覚悟があればこそ、相手を見極め、場を見極めることもできます。目標が遠ければ遠いほど、今が大事です。今をきちんと積み重ねなければ、未来に届かないからです。一期一会を大事にすることができない人が、遠くの大きな目標に到達することはできません。もう会わないからぞんざいでいいのではなく、もう会わないからこそ、その出会いを大切にして、自分の大切な経験にしなければなりません。

第6章

挑戦に年齢は関係ない

人生とは、常に一歩先を見極め踏み出し続けること

十代で封印した挑戦を70歳で再開

実は私の人生最大の挑戦は70歳の古希を迎えてからのものでした。まだ会社の経営についていては代表取締役として指揮を執っていましたが、私は19歳のときに一度は諦めた俳優になりたいという挑戦を再開することにしたのです。50年以上封印していた夢へのチャレンジでした。

私の地元の岐阜市は地方独自の文化発信事業に熱心に取り組んでいて、その一環として2012年から地元ゆかりの戦国武将、織田信長を題材にした市民劇の企画を進めていました。プロの劇団が上演する芝居ではなく、公募に応じた市民が中心となって演じるものです。

古希の記念に大道具でもいいからこの企画に参加しようと思ってオーディション会場に出かけたのですが「ちょっとこの本を読んでみて」と言われて読み上げると「なかなか良い声だね。味がある」と生まれて初めて声を褒められ、そのままいくつかのセリフを読むと、だんだん応募の人が絞り込まれていって、最終的に「合格」ということになってしまいました。大道具ではなく役者として市民劇に出演することになったのです。

生演奏の音楽や和洋の舞踊、合唱なども挿入される本格的な舞台で、関係する市民は総勢７００人ぐらいになるという大規模なものです。私は信長の筆頭重臣の一人、佐久間信盛役を指名されました。かなり大きな役でセリフも多めです。それから半年の間、毎日夜の7時頃から11時頃まで連日の稽古になりました。

映画俳優への淡い憧れはあったものの役者の経験はゼロで、小学校の学芸会で「桃太郎」の鬼とか「花咲か爺さん」の意地悪爺さんの役をやって以来です。ド素人と言っていい存在で、稽古は苦労しました。客席にちゃんと声が届くように、発声練習や滑舌を良くするための早口言葉の練習はもちろん、歌舞伎の口上なども練習で繰り返しました。セリフも相手の分まで一生懸命に覚えましたが、覚えたと思っても、実際に振りを付けて演じる段になるとどこかに飛んでしまいます。もう一度覚え直しでした。また、着物を着て、刀を差しての立ち居振る舞いも現代のそれとはまったく違いますから、歩き方ひとつから徹底的に直されました。舞台のどこに立つか、どこに座るかということも、場面に応じて細かく位置を指示されます。うっかりしていると、観客席から見て演者同士が重なってしまうのです。客席からどう見えるかなどということは意識したこともな

市民劇「道三と信長」に出演（左端が著者） YouTubeより

いのでなかなか身につかず、何度も直されました。
　半年間の必死の稽古のかいあって、本番の3日間の舞台はなんとか務めることができました。定員500人の客席は毎回満員。地元テレビ局のカメラも回っています。初日は特に緊張して小道具の扇子を舞台上に忘れてきてしまったり、足袋が滑るので転びそうになったり、小さな失敗はいくつもありましたが、終演後の舞台上の挨拶で満員の客席から喝采を浴びたときは念願の俳優になれたことで胸がいっぱいになりました。50年温め続けた夢です。ついに成し遂げたと深い感慨がありました。

19歳の私は、俳優を諦めたのではなく、一時保留したにすぎません。挑戦に年齢は関係なく、思いさえ持ち続ければ必ず挑戦の機会は訪れます。タイミングをはかることも見極め力のひとつです。今がその時なのか、先にすべきなのか。私は19のときには見送ったからこそ、50年後になったけれど舞台に立つことができたのだと思います。あのとき、入ったばかりの大学をやめて俳優の道に進んだとしても、ニューフェイスに選ばれるだけの特別な輝きや才能があったわけでもなく、アルバイトをしながら演劇学校に通ったとしても、結局俳優にはなれなかったと思います。大学をやめてしまったことの後悔や、親、兄弟への負い目もあり、本当に自分に才能があるのかどうかも自信が持てず、19歳では迷うことが多すぎて、そのまま中途半端に埋もれてしまったに違いありません。70歳まで保留したからこそ、市民劇団とはいえ舞台で演じることができました。私はそれで十分満足できましたから、50年前の私の見極めは正しかったと思います。

諦めさえしなければ、挑戦の機会は必ずつくることができる、歩みが遅くなり立ち止まることはあっても、挑戦するテーマさえ忘れなければ、いつか実現するときは必ず来る、と改めて確信することができました。

俳優は営業マンに似ている

70歳での俳優デビューは、単に憧れの舞台に立ったというだけでなく、長く営業の世界を歩いてきたからこそ、新たに学ぶものもありました。これも回り道の成果でした。

実は、信長をテーマにした市民劇は主立った役者こそ一般市民からオーディションで選んだメンバーでしたが、脇役には要所要所にプロの役者さんが入り、演劇としての質を保つということが行われていました。確かに舞台に上がる全員が素人役者では2000円のチケット代をいただいて人に観てもらうものにはなりません。脇はしっかりプロの役者さんが固めていたのです。そのためセリフのやりとりもプロ相手になることがありました。すると彼らは、必ずしも台本どおりのセリフをしゃべらないということが分かったのです。

こちらは自分のセリフだけでなく相手のものまで一字一句間違えないように必死に丸暗記して稽古に臨んでいます。ところがプロの役者さんのセリフは、大概の場合、台本からは少し外れています。もちろん趣旨は変わらないのですが、微妙に言い回しが違ったり、ひと言、ふた言、台本にはないセリフがくっついていたりするのです。こちらは

「あれ？」と戸惑って覚えたはずのセリフも出なくなってしまいます。私が助けを求めるように演出家のほうを見ると演出家は「黙っちゃダメ。芝居というのはあなたがあなたの演技で観客を説得できるかどうかなんだ。台本なんてどうでもいいの。台本に頼らずに、役者同士で観客を引き込む演技をすればいい。それが舞台俳優というものだよ」と私に語りました。

目の前にいる観客を説得するのが舞台俳優の演技である――なるほどと思いました。映画俳優が演技するときには観客はいません。監督一人がいて、監督がＯＫを出せばいいわけです。ＯＫが出るまでやり直して、いいところだけをつなげば作品になります。しかし、演劇は観客を前にしてやり直しの利かない演技をするわけですから、大切なのはセリフの正しさではなくて、観客を引き込む力があるかどうかです。その場でこちらのほうが観客に対して説得力があると思えば、少し言い回しを変える、あるいは2歩のところを5歩歩いてもよいわけです。つまりその場限りの真剣勝負で相手の役者と一体になって観客を引き込み、説得するわけです。

これは営業と同じだと気づきました。営業も舞台での演技同様に、相手をいかに説得するかという真剣勝負です。そのためには相手の反応に合わせたアドリブも必要になります。

証券会社を振り出しに営業一筋で70歳までやってきたから、私は演出家の言いたいことがよく分かりました。20歳前に大学をやめて稽古に出ていても、それは理解できなかったろうと思います。

その意味でも70歳で挑戦したことで得られたものは大きなものでした。自分にとって最も価値が大きくなるときに挑戦できたからです。周囲の反対という外部の要因が大きかったにしても、10代での挑戦を断念したことは私にとって意味のある見極めでした。

テレビの経営者のトーク番組に出演する

舞台俳優への挑戦は70歳のときでしたが、10年後の80歳のときに、〝新しい未来のテレビ〟というキャッチフレーズで動画提供サービスを展開しているABEMAのトーク番組に2カ月にわたって出演しました。従来の地上波の民放テレビ局とは違うインターネットテレビについては知識がなく、社内の若手従業員に「ABEMAというのはどうなの?」と聞いてみると「スポーツ中継などいろいろ人気番組もあるし、見ている人も多くて、今評判のテレビ局ですよ」という返事でした。それなら会社の宣伝にも一役買いそうですし、出演してみようと思ったのです。番組の企画は、事業を成功に導いた企業経営者15人がスタジオに集まり、古舘伊知郎さんの司会進行で、経営上のさまざまな問題について、自社ではどうしているかといったことを紹介しながら討論するものです。ゲストコメンテーターとして竹中平蔵さんが加わるなど、なかなか力の入った番組でした。

経営者のトーク番組に出演中の著者（ABEMA）

30代くらいの若手経営者が中心なので私は異色の存在でしたが、経営者として考えていることは年齢に関係がありません。毎回、討論は楽しかったし、古舘さんもいろいろ引き出してくれました。私がもともと俳優志望で、70歳で舞台デビューしたことや、その経験のなかから、営業とは役者として演じることだと学んだ、という話をすると、「だからいつも蝶ネクタイで、ピンクのスーツなんですね。演じているんだ」と、話を引っ張っていきました。さすがにプロです。

おそらく、80歳ともなれば、いまさら若手の経営者と一緒に出演しても、と躊躇する人が多いと思います。しかしこれも挑戦です。新しいことを経験し、多くの人に出会ってその考えを聞き、自分の世界を広げていくことは大事なことです。年齢は関係ありません。この番組に出演しなければ、私は若手の10人以上の経営者と知り合うことはなかったし、古舘さんや竹中さんと言葉を交わす機会もなかったと思います。

岐阜の名物である
和傘をもった著者

また、このテレビ出演の前から、私は80歳を前に「岐阜市まちなか案内人」の一人として、ボランティアで観光ガイドを始めました。岐阜市が「自分たちが住まうまち岐阜市の魅力を再発見する」ことを目的にして設けた「岐阜市まちなか博士認定試験」に合格したメンバーの有志で始めたものです。現在は約50人が活動しています。

ガイドですから聞かれたことには、しっかりと答えなければなりません。自分のなかで曖昧だったことに気づかされることもあり、勉強のし直しのきっかけにもなります。
また、全国の方から郷里のことなどいろいろなことを教えていただくこともあり、岐阜を訪れる人との出会いが、私自身の成長のエネルギーになっています。体力が続く限り案内に立とうと思っています。

私たちは何のために挑戦するのか

今、挑戦の勧めは世の中にあふれています。私も挑戦を続けてきた一人だと思っていますし、挑戦を勧めています。しかし、何のための挑戦なのかという点で、私の言う挑戦は人と少し違うかもしれません。

挑戦は冒険ではないということは、書いたとおりです。挑戦という言葉自身に強い意志を持ってとか思い切ってというニュアンスが含まれているので、剛毅果断《ごうきかだん》に進めとか、どんな苦労や困難にもめげず不撓不屈《ふとうふくつ》の精神で、といった励ましが似合うように思われていますが、私はそうは思っていません。決死の覚悟で飛び込むことが挑戦ではないからです。

そもそもなぜ挑戦することが必要なのか――別に度胸試しをしようというのではありません。金儲けのためにしなければならないものだとも考えていません。実業界には収益の新たな柱となる新規事業創造のためには挑戦が必要だと位置づける人もあるようです。実際、今、盛んに奨励される挑戦は人より一歩抜きん出て社会的に成功すること、喝采を浴びて有名になり、経済的な利益も得ることのように考えられていると思います。多くの挑戦が、それに成功すれば多くの収入が保証されるとか、有名になって社会的な注目を浴び、金持ちになれるとか、ほとんどが実利に結びつけられているのです。だから、逆に実利に関心はなく、有名になることに価値を感じない、別にそこそこの生活ができればいい、適当なアルバイトでも自分一人くらいなんとかなると思っている人は、わざわざ苦しんだり不安になったりする挑戦はしない、ということになります。

しかし、私が勧める挑戦はそのようなものではありません。何のためかといえば、それは、自分を変え、新しい自分に出会うためです。では、なぜ変わっていく必要があるのか――それは、人は誰もが未完成で不完全なものであり、人として成熟するために変わっていかなければならない存在だからです。別に聖人君子になれと言っているわけではありません。周りの人と気持ち良く、仲良く、楽しく毎日を送っていきたい、心の底から家族や友人の健康と幸せを願い、人との一期一会を楽しみながら人生を全うしたい、それを願っているからです。

倫理の「倫」という字は「ともがら、仲間」という意味です。全体としてひとつの秩序をなすことを意味しています。「理」は「ことわり、みちすじ」のことですから、「倫理」というのは「かたわらにある人たちとともに生きてゆくためのことわり」のことです。人は集団をつくって生きていく存在ですから、そのときの、人としてのあるべき振る舞いのことを指しているのが倫理です。人の集団の大きさはさまざまであり、目的やルールも異なるとは思いますが、集団をつくる以上人としてお互いに尊重すべき規範はあり、そういう意味で私たちは倫理的でなければならないと思います。一人ひとりがその努力をすれば、集団もより良いものになっていくはずです。

そのためには挑戦が必要です。挑戦を通して自分を変え、成長を図っていくことが、自分だけではなく自分が所属する集団をより魅力あるものにしていきます。つまり挑戦は、名声のためでも経済的な利得のためでもなく、自分と自分が所属する集団がより良いものになるためのものです。

私はがんの免疫療法の発展に寄与したとしてノーベル生理学・医学賞を受賞した本庶佑さんが研究者として大切にしているという6つのCの話を聞いたとき、これは科学者に限らずビジネスでも、あるいは、人間が生きていくうえで、欠かせないものだと感じました。私自身が持ち続けようとしているのも、まさにこの6つです。

1　いろいろなものに興味を持つ「好奇心」(curiosity)
2　ことを行うときの決断に欠かせない「勇気」(courage)
3　果敢に立ち向かっていく「挑戦」(challenge)
4　このチャレンジは正しく、成功するという「確信」(confidence)
5　一心不乱に心を乱さない「集中」(concentration)
6　成功するまでひたすら続ける「連続」(continuation)

これからもこの6つのマインドを持ち続け、挑戦を続けていきます。

恐れずに挑戦しよう

挑戦が何をもたらすのか、それが事前に明らかになることはありません。これが本当に自分のやるべきことなのか、それも分かりません。「いや自分が本当にやりたいことは別にあるような気がする。自分がいちばん輝けるようなことが見つかったら思い切って取り組みたい。今はいろいろ探したい」と口にする若者がいます。とりあえず一歩を踏み出す決断ができないことを言い繕っているのかもしれませんし、本当に「自分が輝ける場所」がどこかにあって、それに巡り会うまでは本気は出せないと信じているのかもしれません。

いずれにしても、私に言えるのは、今立っているその場所で輝くために力を尽くすことが必要ではないかということです。

本当に自分が力を出せる場所や仕事がどこかにあり、今はまだ見つけていないと思うのは、今の仕事に対する無理解から来る誤解です。

すべての仕事はそこに全力を投じる意味があるものです。片手間でもできる仕事とか、退屈なだけの仕事はどこにもありません。それはその仕事をする自分の想像力の貧困を物語るものでしかありません。

松下幸之助さんの有名なエピソードに、電球を磨く従業員にかけた言葉があります。ただ電球を布で磨くだけの、はたから見れば単調で退屈で、特別な技量も求められないような仕事をしている従業員に向かって松下幸之助さんは「君はいい仕事しているな」と声をかけたそうです。それは、従業員が磨いた一個の電球のおかげで、母親が夜、そのランプの下で幼い子どもに絵本を読んでやるようなことができるからです。「君は電球を磨いているのではない、子どもたちの夢を磨いている。子どもたちの笑い声が聞こえてこないか？　ものづくりは、ものをつくったらいけない。ものの先にある笑顔を想像できなかったら、ものをつくったらいけないのだ」と語ったのだそうです（金沢大学ベンチャー・ビジネス・ラボラトリー）。

これが何のためにあるのか、それに思い至ることができれば、どんな仕事も価値のあるものです。その仕事の自分にとっての目的は、人に教わるものではありません。仕事を与えられた本人が自力で見つけるべきものです。資料づくりであっても、議事録の作成であっても、何のために、誰に読んでもらうものなのかが明らかであれば、示されたひな形どおりではなく、レイアウトはこのほうが見やすい、ここには図が欲しい、といった作成者としてのアレンジもできます。ホチキスの針の位置や、それが曲がっていないか、ということにまで気を配ったものができ「資料をつくるならあの人に頼めばいいものができる」という評価も得ることができます。「何のために」という目的を共有しているからです。

自分にとってそれが何のためなのかを明らかにすること――それが究極の見極め力です。

挑戦に年齢は関係ありません。もうこれで終わり、という終着点もありません。なぜなら挑戦し続けることこそ、自分が何のために生きているのかを見極めていくプロセスだからです。私が尊敬する経営者の一人である稲盛和夫さんの言葉に「一歩進めば、次の一歩が見えてくる。このようにして偉大なことが達成できる」「人生はつまるところ一瞬一瞬の積み重ねである」というものがあります（『稲盛和夫猛語録』）。

ひとつを始めることが、次を示してくれます。見極め力をさらに磨いて、これからも新しいことに挑戦していきます。

おわりに

1944年7月生まれの私は、2024年に満80歳になりました。証券営業の世界に飛び込み、その後自動車部品メーカーの営業担当となり、さらにその後は地方の産業用ガスの小さな商社で営業を担当しました。そして経営を引き継いで現在に至ります。社会人としての50年以上を、私はさまざまな挑戦を重ねながら、過ごしてきました。新しいことへの挑戦は私の人生そのものです。

今も、数年前からどうしても実現したいと考えていることがあり、その挑戦を始めています。簡単には実現することではなく、準備も仲間も必要ですから、あれこれと学習し、策を練り、教えも請いながら長期戦を覚悟で進めています。

それは斎藤道三という美濃が生んだ戦国大名の銅像を、岐阜駅前の織田信長の銅像に並べて建立することです。

美濃は現在の岐阜県南部にあたる地域です。もともと「水の野」から転じたものといわれ、上流の山地から流れる木曽川、長良川、揖斐川の、いわゆる木曽三川の上流・中流域の山間地と、下流の水郷地帯からなる水の豊かな土地です。早くから栄え、特に有力守護大名として名をはせた土岐氏は本拠地であった川手（現在の岐阜市）を京都に次ぐ商都として築いたといわれています。ここに土岐一族に連なる武家の名門、斎藤妙《みょう》椿《ちん》が美濃国守護に就きますが、戦国時代に入ると、もともとは油商人であった斎藤道三が美濃国の領主になり「下克上」といわれました。道三は娘を尾張の織田信長に嫁がせたことでも知られています。戦国時代に美濃国を治めたのは道三であり、のちに斎藤龍興を倒して稲葉山城に入った織田信長は、この地を岐阜と名付け「天下布武」の拠点とします。もともと尾張の人である信長が来る前の美濃国は、斎藤道三が礎を築いたものであり、岐阜の歴史に道三は欠かせません。

道三は成り上がり者と言われ、権謀術数の限りを尽くした策士とも受け止められていますが、明智光秀や信長に大きな影響を与えた人物でもあり、岐阜の歴史には欠かすことができません。ＮＨＫの大河ドラマ『麒麟がくる』では道三役を本木雅弘さんが、同じく『国盗り物語』では平幹二朗さんというどいずれも名優が演じていることからも、斎藤道三の存在感の大きさが分かります。

もともと美濃国は、尾張の信長が非常に気に入ったように、日本の中心に位置し、豊かな水と肥沃な土壌に恵まれた土地です。関ヶ原の合戦で勝利を収めた徳川家康は、傑出した人物を生んだ土地からは、繰り返し有能な指導者が現れると警戒しました。

越後（新潟）や甲斐（山梨）、土佐（高知）などがそうです。美濃もそのひとつでした。家康の統治方針は分割です。一国を小さな藩に分けることで、大きな対抗勢力に育つことを阻止するというものでした。上杉謙信が出た越後も、そして道三と信長を輩出した美濃も小さな藩に分割し、さらに隣接する尾張藩を幕府直轄領としました。

美濃は一つにしない――その統治策は成功します。美濃は誇るべき土地としてのアイデンティティを奪われたままに現在に至ります。

私が信長の銅像だけでなく斎藤道三の銅像建立を考えたのは、美濃国の原点が道三の手柄に負うところがあるからです。その強烈な個性、強引な政治には賛否両論があると思います。しかし天下泰平の世の中ではありません。時は戦国の群雄割拠の時代です。今の時代の感覚ではとらえきれないところもあります。私が呼びかけたいのは、斎藤道三という人物の再評価ではありません。この地域のルーツである美濃という国に改めて注目しようということであり、そのための欠かせない登場人物の一人が斎藤道三であるということです。

そのため銅像の建立も手続きが重要だと思っています。いつの間にか立っているというのでは意味がありません。お金を集め、行政のなんらかの合意があれば銅像は立ちます。しかしそれは意味がありません。私は美濃国への思いが市民のなかから湧き上がり、銅像建立を機に、改めて美濃国が私たちの故郷として意識されることが必要だと思っています。そのためにクラウドファンディングで広く資金を集め、寄付していただいた方の名前を台座に刻むといったことも考えたいと思っています。結果として銅像が立つことは確かに大きな目標ですが、その過程で美濃国を市民が語り合うことが、家康以来400年の分割統治の歴史に一石を投じるものとして価値があると思います。

行政、歴史研究者、教育、マスコミ、市民、民間企業……いろいろなレベルでの対話と運動が必要だと思います。戦略を見極め、私の最後の挑戦をぜひ成功させたいと思っています。

私が尊敬する江戸中期の美濃国出身の儒学者・佐藤一斎は、自著『言志四録』に「少にして学べば則《すなわ》ち壮にして為すことあり　壮にして学べば則ち老いて衰えず　老いて学べば則ち死して朽ちず」と記しています。この言葉は『論語』に由来するものですが、私のチャレンジの原点はまさにこの言葉であり、この実践なのです。

加えて、人生の一冊といっても過言ではない司馬遼太郎の『坂の上の雲』にも、私は強く影響を受けてきました。あの本に描かれているような、小さな国（明治期の日本）が開花を迎えようとしている瞬間の華々しさこそ、私が生涯を懸けて追い求めているものなのかもしれません。


人生80年、振り返れば多くの人と出会い、助けられ、教えを受けながらここまで歩いてきました。本当にありがとうございました。お礼申し上げます。

私の挑戦はまだまだ続きます。岐阜のまちのどこかでお会いできる日を楽しみにしています。

大野正和（おおの まさかず）

1944年岐阜県生まれ。1960年小島中学校卒業。1963年大垣北高等学校を卒業後、明治大学政治経済学部に進学。

役者を目指すが親に大反対されたことで諦めて勉学に励むようになる。大学4年生のとき明大紛争が起き学園が封鎖され、授業が受けられない時期もあった。

1967年大学卒業後、岡三証券株式会社に入社。4年勤めお金について学び、次は成長が見込まれる業界に行きたいと思っていたところヘッドハンティングされスタンレー電気株式会社に転職。当時大卒の転職者が少なかったため教えてくれる人がおらず、退勤後に独学で業務を覚えた。

29歳で結婚。会社から海外転勤の要請があったが、行きたくないと思っていたところへ妻の実家である株式会社三光堂へ入社するよう要請があり、事業承継することを決意。継ぐ前に1年間市場調査をさせてほしいと思い、1年間の準備期間を設けてもらった。

早い時期から携帯電話を導入するなど進んだ営業を行っていた。

1999年頃、社長になる準備期間があり、これまで明文化されていなかったルールなどを決め、まず経営理念とロゴマークを新たにつくった。その後、標語を毎年作成している。

70歳で初めて岐阜県の信長を題材とした舞台に出演し学生時代の夢をかなえる。何事にもチャレンジすることを心がけている。

本書についての
ご意見・ご感想はコチラ

挑戦を成功に導く「見極め力」

2024年12月20日　第1刷発行

著　者　　大野正和
発行人　　久保田貴幸

発行元　　株式会社 幻冬舎メディアコンサルティング
〒151-0051　東京都渋谷区千駄ヶ谷4-9-7
電話　03-5411-6440（編集）

発売元　　株式会社 幻冬舎
〒151-0051　東京都渋谷区千駄ヶ谷4-9-7
電話　03-5411-6222（営業）

印刷・製本　中央精版印刷株式会社
装　丁　　村上次郎

検印廃止

Printed in Japan
ISBN 978-4-344-94871-6 C0034
幻冬舎メディアコンサルティングＨＰ
https://www.gentosha-mc.com/